essentials

Essentials liefern aktuelles Wissen in konzentrierter Form. Die Essenz dessen, worauf es als „State-of-the-Art" in der gegenwärtigen Fachdiskussion oder in der Praxis ankommt, komplett mit Zusammenfassung und aktuellen Literaturhinweisen. Essentials informieren schnell, unkompliziert und verständlich

- als Einführung in ein aktuelles Thema aus Ihrem Fachgebiet
- als Einstieg in ein für Sie noch unbekanntes Themenfeld
- als Einblick, um zum Thema mitreden zu können.

Die Bücher in elektronischer und gedruckter Form bringen das Expertenwissen von Springer-Fachautoren kompakt zur Darstellung. Sie sind besonders für die Nutzung als eBook auf Tablet-PCs, eBook-Readern und Smartphones geeignet.

Essentials: Wissensbausteine aus Wirtschaft und Gesellschaft, Medizin, Psychologie und Gesundheitsberufen, Technik und Naturwissenschaften. Von renommierten Autoren der Verlagsmarken Springer Gabler, Springer VS, Springer Medizin, Springer Spektrum, Springer Vieweg und Springer Psychologie

Sebastian Haase

Der Dispositionseffekt als relevantes Anlegerverhalten

Einführung in die Erklärungsansätze und in die empirischen Befunde

Dr. Sebastian Haase
Rostock, Deutschland

ISSN 2197-6708   ISSN 2197-6716 (electronic)
essentials
ISBN 978-3-658-12423-6   ISBN 978-3-658-12424-3 (eBook)
DOI 10.1007/978-3-658-12424-3

Die Deutsche Nationalbibliothek verzeichnet diese Publikation in der Deutschen Natio-
nalbibliografie; detaillierte bibliografische Daten sind im Internet über http://dnb.d-nb.de
abrufbar.

Springer Gabler

Gedruckt auf säurefreiem und chlorfrei gebleichtem Papier.

Springer Fachmedien Wiesbaden GmbH ist Teil der Fachverlagsgruppe Springer Science+
Business Media
(www.springer.com)

Was Sie in diesem Essential finden können

- Insgesamt eine umfassende Einführung zum Thema Dispositionseffekt.
- Das Phänomen Dispositionseffekt wird eingängig beschrieben.
- Die Darstellung und kritische Bewertung der in der Literatur diskutierten Erklärungsansätze.
- Einen nach Investorengruppen differenzierten Überblick der wesentlichen empirischen Erkenntnisse.
- Die wesentlichen experimentellen Studien zum Dispositionseffekt werden skizziert.

Inhaltsverzeichnis

Einleitung

1

Im zweiten Kapitel wird der Dispositionseffekt als Phänomen beschrieben und den Ursprüngen des Forschungsfeldes nachgespürt. Anschließend werden Erklärungsmodelle für den Dispositionseffekt dargestellt. Zu den rationalen Modellen zählen Mean Reversion, Target Pricing, Portfolio Rebalancing und die Transaktionskosten. Die Prospect Theory, Mental Accounting, Seeking-Pride-Avoiding-Regret-Ansatz und die mangelnde Selbstkontrolle werden als alternative Erklärungsmodelle dargestellt. Im dritten Kapitel werden die wesentlichen empirischen Ergebnisse der Forschung zum Dispositionseffekt zusammengefasst. Den privaten Investoren werden die professionelle Investoren hierbei gegenüber gestellt. Dies dient dazu die Ergebnisse differenzierter und prägnanter zu präsentieren. Zum Abschluss werden der Aufbau und die Ergebnisse der wichtigsten experimentellen Untersuchungen des Dispositionseffektes skizziert.

© Springer Fachmedien Wiesbaden 2016
S. Haase, *Der Dispositionseffekt als relevantes Anlegerverhalten*, essentials,
DOI 10.1007/978-3-658-12424-3_1

Erklärungsansätze des Dispositionseffektes 2

2.1 Der Dispositionseffekt

Der Dispositionseffekt ist das am besten empirisch dokumentierte Invesitionsphänomen (Grinblatt und Han (2005), S. 18). Es beschreibt das Verhalten des Individuums, Gewinne eher, im Sinne von bevorzugt, zu realisieren als Verluste. Diese Verhaltenstendenz wurde erstmals systematisch durch Shefrin und Statman (1985) beschrieben. Hierbei kommen sie zum Resultat, dass Investoren ihre Gewinner[1] *zu früh* und ihre Verlierer[2] *zu spät* verkaufen.

In dieser Formulierung sahen viele die Börsenweisheit, Gewinne laufen zu lassen und Verluste zu begrenzen, um die Portfolioentwicklung zu verbessern, wissenschaftlich bestätigt. Dies wird und wurde insbesondere in der populärwissenschaftlichen Literatur zu Anlagestrategien dankbar aufgenommen und kommuniziert. Jedoch beziehen sich Shefrin und Statman (1985) mit der zeitlichen Angabe *zu früh* und *zu spät* nicht darauf, dass der Kurs des betrachteten Wertpapiers weiter gesunken respektive gestiegen wäre und in Antizipation dessen, es entsprechend ex-post besser gewesen wäre, die entsprechenden Wertpapiere eher zu verkaufen bzw. länger im Bestand zu halten. Sie stützen sich in ihrer Arbeit auf das formale Modell von Constantinides (1984), in dem unter Berücksichtigung von Steuern die optimalen Zeitpunkte zur Realisation von Gewinnen und Verlusten hergeleitet werden (Shefrin und Statman (1985), S. 778).

In der Folge wird das formale Modell von Constantinides (1984) kurz skizziert. Die wichtigste Annahme für die folgende Betrachtung ist, dass analog zu

---

[1] Gewinner bezeichnet ein Wertpapier, dessen Preis/Wert seit Erwerb gestiegen ist. Bei einer Veräußerung zum aktuellen Wert würde der Investor einen Gewinn realisieren. In der Folge wird ein solches Wertpapier als Gewinner bzw. gewinnbringendes Wertpapier bezeichnet.

[2] Verlierer bezeichnet ein Wertpapiere, dessen Preis/Wert seit Erwerb gesunken ist. Bei einer Veräußerung zum aktuellen Wert würde der Investor einen Verlust realisieren. In der Folge wird ein solches Wertpapier als Verlierer bzw. verlustreiches Wertpapier bezeichnet.

© Springer Fachmedien Wiesbaden 2016

S. Haase, *Der Dispositionseffekt als relevantes Anlegerverhalten*, essentials,

DOI 10.1007/978-3-658-12424-3_2

dem damaligen herrschenden US-amerikanischen Steuersystem zwei Steuersätze für Kapitalerträge zur Anwendung kommen. Werden Gewinne oder Verluste aus Kapitalmarktgeschäften innerhalb einer zwölf-monatigen Frist seit Erwerb des Wertpapiers realisiert, so gelten diese Erträge (Verluste) als kurzfristig. Der kurzfristige Steuersatz für Kapitalerträge entspricht dem persönlichen Einkommensteuersatz. Werden Wertpapiere länger als zwölf Monate gehalten, dann gelten Erträge (Verluste) aus dem Verkauf der Position als langfristig. Der langfristige Steuersatz für Kapitalerträge entspricht 40 % des persönlichen Einkommensteuersatzes (Constantinides (1984), S. 67). Das in der formalen Analyse postulierte Wertpapier verfolgt einen binominalen Prozess mit der Wahrscheinlichkeit $1 - q$ für einen Preisanstieg und mit der Wahrscheinlichkeit q für einen Preissturz (Constantinides (1984), S. 69 f.).

Mit der Maxime, die Steuerlast zu minimieren, werden aus verschiedenen Szenarien unterschiedliche Realisationsstrategien abgeleitet. Als Kernelement aller Strategien lässt sich die Lösung formulieren, Verluste so schnell wie möglich, jedoch spätestens am Ende des Zeitraumes zu realisieren, für den es die höhere Steuererstattung gibt (Ende des Steuerjahres) und Gewinne über diesen Zeitpunkt hinaus aufzuschieben, um jene nur mit den langfristigen Steuersatz zu belasten. (Constantinides (1984), S. 78–81). Shefrin und Statman (1985) stellen lediglich fest, dass die vorliegende Evidenz von Schlarbaum et al. (1978) über die Realisation von Gewinnen und Verlusten bei privaten Investoren nicht der optimalen Lösung des Modells von Constantinides (1984) entspricht. Sie arbeiten heraus, dass das Verhältnis von der Anzahl der Transaktionen, bei denen ein Gewinn realisiert wird, zu der Anzahl aller Transaktion im Zeitverlauf tendenziell zunehmen müsste (Shefrin und Statman (1985), S. 786). Doch dieses Verhältnis bleibt innerhalb des Jahresverlaufs und auch über eine zwölf-monatige Haltefrist hinaus relativ gleichbleibend (57 bis 61 %) (Schlarbaum et al. (1978), S. 323). Gewinne werden also bereits vor dem Ablauf der zwölf Monate im gleichen Maße realisiert wie nach den zwölf Monaten. Gleiches gilt für die Verluste. Somit weicht das beobachtete Verhalten vom formal optimalen Verhalten ab. Shefrin und Statman (1985) kommen somit zum Resultat, dass Gewinne zu früh und Verluste zu spät realisiert werden, um die Steuerlast zu minimieren.

Eine Abweichung von der optimalen Strategie führt zu einem erhöhten Steueranspruch des Staates gegenüber dem Individuum.[3] In dieser Konsequenz führt der Dispositionseffekt zu einem erhöhten Vermögenstransfer vom Individuum an

---

[3] Aus Gründen der leichteren Lesbarkeit werden, wo immer möglich, geschlechtsneutrale Bezeichnungen verwendet. Wo dies nicht möglich ist, wird die männliche Form verwendet. Die Aussagen beziehen sich gleichermaßen auf beide Geschlechter.

die Geselllschaft. Somit ist der Dispositionseffekt auch ein kostspielieges Phänomen für das Individuum, was es zu vermeiden gilt. Es kann entgegengebracht werden, dass z. B. in der Bundesrepublik Deutschland Kapitalerträge unabhängig vom zeitlichen Profil einheitlich behandelt werden.[4] Demnach ist unklar, ob der Dispositionseffekt auch unter einem derart gestalteten System ein kostspieliges Phänomen ist. Constantinides (1983) zeigt, dass auch in einer Welt mit einem einheitlichen Steuersatz für Kapitalerträge Verluste sofort realisiert und Gewinne bis zum Tod des Investors aufgeschoben werden (Constantinides (1983), S. 616 f.). Durch diese Praxis wird der Gegenwartswert der Steuerzahlungen aus Kapitalerträge reduziert (Steuern werden minimiert) (Constantinides (1983), S. 611). Somit ist in einer Welt mit einem einheitlichen Steuersatz für Kapitalerträge der Dispositionseffekt ebenfalls kostspielig.

Neben den erhöhten zu entrichtenden Steuern verhindert der Dispositionseffekt ebenfalls die optimale Entwicklung des Portfolios. So ist in Ex-post-Betrachtungen zu belegen, dass die Performance des Portfolios eines Investors, der in einem geringeren Ausmaß dem Dispositionseffekt unterliegt, besser ist als bei einem Investor mit einem größeren Dispositionseffekt (Seru et al. (2010), S. 716 f.; Singal und Xu (2011), S. 2717). Des Weiteren zeigen Studien, ebenfalls in einer Ex-post-Betrachtung, dass gewinnbringende Wertpapiere nach ihrem Verkauf im Wert noch weiter steigen und verlustbringende Wertpapiere, die gehalten werden, weiter im Wert verlieren (Cao (2010), S. 22–25; Hur et al. (2010), S. 1170; Grinblatt und Han (2005), S. 16–18).

In der Literatur werden verschiedene Erklärungsansätze diskutiert. Sie lassen sich unterscheiden in Ansätze, die den Dispositionseffekt als rationale Entscheidung in einem neoklassischen Rahmen erklären können, und Ansätze, die den Dispositionseffekt als Abweichung von der neoklassischen Theorie bzw. von der Erwartungsnutzentheorie gemäß von Neumann und Morgenstern (1947) begreifen und ein alternatives Erklärungsmodell heranziehen. Zu den rationalen[5] Erklärungsansätze, die gemeinsam vorgestellt werden, zählen der Glaube an Mean Reversion, Target Pricing und Portfolio Rebalancing (Kaustia (2010b), S. 804–808.). Alternative Ansätze sind die Prospect Theory, das Mental Accounting, der Seeking-Pride-Avoiding-Regret-Ansatz, und die mangelnde Selbstkontrolle (Shefrin und Statman (1985), S. 779–785). Den nachfolgenden Ausführungen liegt, sofern dies für die Darstellung geeignet ist, eine dreigliedrige Binnenstruktur zu Grunde. Nach der

---

[4] Vgl. § 43a Abs. 1 Einkommensteuergesetz.

[5] Der Begriff *rational* bezieht sich nachfolgend stets auf rational im Sinne des neoklassischen Paradigmas.

Erläuterung des Ansatzes werden die relevante Studienergebnisse aufgezeigt und ein Urteil zur Erklärungskraft gefällt.

2.2 Rationale Erklärungsansätze

In der Literatur werden immer wieder Ansätze betrachtet, die den Dispositionseffekt als rationales Verhalten untersuchen. So werden vier verschiedene rationale Erklärungsmuster diskutiert. Diese sind Mean Reversion, Target Pricing, Portfolio Rebalancing sowie Transaktionskosten (Kaustia (2010b), S. 804–809; Kaustia (2010a), S. 182–183).

Gestiegene Wertpapiere zu verkaufen und gefallene Wertpapiere zu halten, wäre rational, wenn die Erträge der Wertpapiere in Zukunft der Mean Reversion unterliegen. **Mean Reversion** besagt, dass die Erträge von Wertpapieren um einen Mittelwert schwanken. So schlussfolgert das Individuum, dass ein Wertpapier, welches im Preis gestiegen ist, sich mittel- bis langfristig zum Mittelwert bewegt. Dies lässt erwarten, dass der Preis des Wertpapiers sinkt. Dementsprechend erwartet das Individuum von einem verlustreichen Wertpapier, dass es sich ebenfalls zum Mittelwert entwickelt (Anstieg im Preis des Wertpapiers). Daraus folgt, dass es bei Existenz von Mean Reversion rational ist, gestiegene Aktien zu verkaufen und gesunkenen Wertpapiere zu halten, folglich den Dispositionseffekt an den Tag zu legen.

Odean (1998) weist in seinem Datensatz für einen Betrachtungshorizont von bis zu zwei Jahren nach, dass Wertpapiere, die vor dem Verkauf im Preis gestiegen sind, im Vergleich zu den Wertpapieren, die gehalten worden sind, nachdem sie im Wert gefallen sind, eine höhere Rendite aufweisen (Odean (1998), S. 1790). Somit kann Odean (1998) Mean Reversion in einem kurz- bis mittelfristigen Betrachtungshorizont nicht nachweisen. Gleiches gilt für andere empirische Arbeiten (Kaustia (2010b), S. 805 f.; Weber und Camerer (1998), S. 180 f). Dies bedeutet, dass der Dispositionseffekt rational nicht durch Mean Reversion erklärt werden kann.

Dies öffnet die Tür für eine eher verhaltenswissenschaftliche Interpretation. Da der Glaube des Investors in Mean Reversion unbegründet und irrational ist, ist es demnach der Irrglaube an Mean Reversion, welcher zum Dispositionseffekt führt (Lehenkari (2012), S. 198; Zuchel (2001), S. 3–5). Unklar ist jedoch, ob Individuen in der Tat Erwartungen in der Art und Weise bilden, die für die Mean Reversion notwendig sind (Zuchel (2001), S. 4). Andreassen (1988) kommt in seinem Experiment zu dem Ergebnis, dass, sofern die Investoren das Preisniveau bzw. die Entwicklung des Preisniveaus[6] betrachten, sie zu einem Verhalten neigen, dass Erwartungsbildung gemäß Mean Reversion nahelegt. Wenn dahingegen nicht das Preisniveau sondern die absoluten Preisänderungen[7] betrachtet werden, dann ist ein Verhalten zu beobachten, das eine Erwartungsbildung über die zukünftige Entwicklung des Wertpapiers nahelegt, die nicht mit der Mean Reversion zu vereinbaren ist (Andreassen (1988), S. 381). Zuchel (2001) betont, dass im Zuge des Dispositionseffektes stets die Bedeutsamkeit der (absoluten) Preisänderung ursächlich für das Phänomen hervorgehoben wird und kommt so zum Schluss, dass die Ergebnisse von Andreassen (1988), den Irrglaube an Mean Reversion als Erklärung für den Dispositionseffekt nicht unterstützen (Zuchel (2001), S. 4).

Diese Argumentation von Zuchel (2001) kann schwer nachvollzogen werden. Der Dispositionseffekt ist ein Phänomen, das im Zusammenhang mit der Realisation von Gewinnen und Verlusten steht. Gewinne und Verluste sind absolute Veränderungen relativ zu einem Referenzpunkt. Wird von einer Änderungsfolge von +2, +2, +2, +2, +2, +2 wie bei Andreassen (1988) ausgegangen, dann erfolgt die Änderung immer relativ zu einem neuen Referenzpunkt und zwar relativ zu dem aktuellen Wert des Wertpapiers (jeweils +2). Wenn der Referenzpunkt stets neu an den aktuellen Wert angepasst wird, befindet sich in der Wahrnehmung des Individuums das Wertpapier nie im Gewinn oder Verlust. Folglich ist kein Dispositionseffekt zu erwarten (Weber und Camerer (1998), S. 170). Insofern ist der argumentative Schluss in Zuchel (2001) mit Hilfe von Andreassen (1988) kritisch zu bewerten.

So kommen empirische Studien zu dem Ergebnis, dass der Dispositionseffekt durch den Irrglauben an Mean Reversion erklärt werden kann (Odean (1998), S. 1790; Weber und Camerer (1998), S. 180 f.). Mean Reversion kann als rationaler Erklärungsansatz für den Dispositionseffekt in jedem Fall negiert werden, wohingegen nicht abschließend geklärt scheint, ob der Irrglaube an Mean Reversion zum Dispositionseffekt führt.

Das typische Kauf- und Verkaufsverhalten des Dispositionseffektes, kann ebenfalls erklärt werden, wenn Investoren Informationen haben, die noch nicht in den Preisen der Wertpapiere enthalten sind. Besitzt ein Investor eine vorteilhafte Information, von der er glaubt, dass ein Preisanstieg gerechtfertigt sei, so wird er das Wertpapier erwerben. Er wird das Wertpapier so lange halten, bis er der Meinung ist, dass die Information sich entsprechend im Preis niedergeschlagen hat. Der Investor wird also bei einem bestimmten Preisniveau – einem Zielpreis – die Information vollständig im Wert der Aktie niedergeschlagen sehen und danach

---

[6] Preisfolge: 35, 37, 39, 41, 43, 45
[7] Änderungsfolge: +2, +2, +2, +2, +2, +2

entsprechend verkaufen (Lakonishok und Smidt (1986), S. 955). Kaustia (2010b) bezeichnet dies als **Target Pricing**. Sinkt nach Erwerb das Wertpapier, so wird der Investor an dem verlustreichen Wertpapier festhalten, solange die Information aus seiner Sicht nicht entsprechend im Preis wiederzufinden ist. Dieses durch den Zielpreis geleitet Verhalten kann das Muster des Dispositionseffektes erklären.

Wenn von einer mittelstarken Informationseffizienz des Marktes ausgegangen werden kann, dann stellen sich Informationen, die sich noch nicht im Kurs niedergeschlagen haben, als Insiderinformationen oder als noch nicht öffentlich verfügbare Informationen dar. Dementsprechend müssten Personenkreise, die Zugang zu solchen Informationen haben, im Vergleich zu gewöhnlichen Privatinvestoren einen stärkeren Dispositionseffekt aufweisen. Dies ist jedoch nicht mit dem Fakt zu vereinbaren, dass gerade private Investoren einen ausgeprägteren Dispositionseffekt aufweisen als professionelle Händler, von den behaupten werden kann, dass ihnen zumindest eher Informationen zur Verfügung stehen als dem breiten Markt (Kaustia (2010a), S. 183). So kann empirisch gesichert behauptet werden, dass erfahrenere Investoren sowie Investoren mit einem größeren Investitionsvolumen, was für ein höheren Grad an Professionalität spricht, einen geringeren Dispositionseffekt haben als unerfahrenere und weniger professionelle Investoren (Brown et al. (2006), S. 60 f.; Seru et al. (2010), S. 733). Somit erscheint Target Pricing als rationaler Erklärungsansatz unschlüssig.

Ein Individuum, das sich einer festen Zusammensetzung seines Portfolios verschreibt, kann vermeintlich bei der Adjustierung der sich verändernden Portfoliozusammensetzung ein Verhalten zeigen, das dem Dispositionseffekt entspricht (Lakonishok und Smidt (1986), S. 954). Dieses Adjustierung des Portfolios wird als **Portfolio Rebalancing** bezeichnet (Kaustia (2010a), S. 182). Es wird angenommen, dass ein Individuum ein Portfolio aus zwei Wertpapierpositionen zu gleichen wertmäßigen Anteilen hält. Dieses Verhältnis soll beibehalten werden. Steigt das eine Wertpapier im Wert, während das andere Wertpapier im Wert unverändert bleibt, so hat sich die Zusammensetzung des Portfolios verändert. Das Individuum kann in diesem Fall geneigt sein, das gestiegene Wertpapier entsprechend teilweise zu verkaufen, um die Ausgangszusammensetzung wieder herzustellen. Gewinne werden damit zum Teil realisiert. Im Fall, dass das eine Wertpapier im Wert sinkt und das andere Wertpapier unverändert bleibt, ändert sich ebenfalls die Zusammensetzung des Portfolios. Um das angestrebte Verhältnis wieder herzustellen, wird das Individuum nicht Anteile des gesunkenen Wertpapiers hinzukaufen, sondern Anteile des unveränderten Wertpapiers verkaufen (Lakonishok und Smidt (1986), S. 954). Dieser Logik entsprechend kann nachvollzogen werden, dass Gewinne realisiert und Verluste gehalten werden. Für den Fall, dass das eine Wertpapier im Wert steigt und das andere im Wert sinkt, müssen, um die angestrebte Zusammensetzung zu erreichen, die gestiegenen Aktien anteilig verkauft (Gewinne realisieren) und die gesunkenen Aktien gehalten werden (Verluste halten).

Wenn der Dispositionseffekt durch Portfolio Rebalancing zu erklären ist, dann müsste ein um Transaktionen bereinigter Datensatz, die zweifelsfrei auf Portfolio Rebalancing zurückzuführen sind, z. B. Depots, die für Kunden durch Vermögensberater verwaltet werden, keine Tendenz aufweisen, gestiegene Aktien zu verkaufen und verlustreiche Aktien zu halten. Jedoch kommt Odean (1998) zu dem Ergebnis, dass der Dispositionseffekt weiterhin in einem entsprechend aufbereiteten Datensatz zu finden ist. Kaustia (2010a) sieht damit Portfolio Rebalancing als rationalen Erklärungsansatz nicht unterstützt.

Diese Einschätzung verstärkt sich weiter, sobald Steuern auf Kapitalerträge in die Betrachtung miteinbezogen werden. Durch die Kauf- und Verkaufsaktionen, welche eine Adjustierung des Portfolios nach sich ziehen, werden Gewinne und Verluste realisiert. Die Gewinne und Verluste sind entsprechend zu versteuern. Constantinides (1984) zeigt formal für den Fall, dass keine Transaktionskosten entstehen, dass alle Verluste realisiert werden, sobald sie anfallen, um den Steuervortrag zu erhalten und die Realisation der Kapitalgewinne so lange wie möglich hinaus gezögert wird (Constantinides (1984), S. 65). Dies widerspricht dem Dispositionseffekt und bekräftigt die in Kaustia (2010a) geäußerte Skepsis. Auch empirisch kann Portfolio Rebalancing auch unter der Berücksichtigung von Steuern den Dispositionseffekt nicht erklären (Shefrin und Statman (1985), S. 788; Dammon et al. (2001), S. 598 f.; Kaustia (2010b), S. 804–805).

Harris (1988) sieht die **Transaktionskosten** als möglichen Treiber für den Dispositionseffekt. Er argumentiert, je höher die Transaktionskosten sind, desto geringer wird die Nachfrage für ein bestimmtes Wertpapier sein und es werden weniger Wertpapiere gehandelt. Dementsprechend wird das Handelsvolumen für das Wertpapier kleiner sein als das Handelsvolumen von Wertpapiere mit geringeren Transaktionskosten. Aus den unterschiedlichen Handelsvolumen ließe sich der Dispositionseffekt herleiten, so Harris (1988). Als Proxy für die Transaktionskosten sieht er den prozentualen Abstand zwischen Kauf- und Verkaufspreis (Spread). Der Spread sinkt mit zunehmenden Firmenwert und Preisniveau des Wertpapiers. Allerdings steigt der Spread je höher die Volatilität des Wertpapiers ist. Die Volatilität ist zudem von der Preisentwicklung des Wertpapiers abhängig. Steigt (Fällt) der Preis des Wertpapiers so verringert (vergrößert) sich der Spread (Harris (1988), S. 698).

Der gestiegene Wert bspw. einer Aktie und die damit einhergehende verringerte Volatilität führen zu einem geringeren Spread. Der geringere Spread ist gleichbedeutend mit geringeren Transaktionskosten. Wenn die Transaktionskosten gering sind, dann ist der Handel günstig und es wird mehr gehandelt. Wenn mehr gehandelt wird, werden folglich mehr Wertpapiere verkauft und somit Gewinne realisiert. Daraus folgt nach Harris (1988), dass ein niedriger Spread, der als Proxy für niedrige Transaktionskosten fungiert, ceteris paribus mit einer positiven Entwicklung des Wertpapiers einhergeht und in Folge dessen mehr Gewinne realisiert werden. Aus der Logik wird deutlich, dass Wertpapiere, die im Preis gesunken sind, einen höheren Spread aufweisen. Auf Grund der höheren Transaktionskosten verringert sich der Handel mit diesem Papier. Die Verluste werden nicht realisiert (Odean (1998), S. 1792). Dieses Muster beschreibt den Dispositionseffekt. Odean (1998) kann die von Harris (1988) entwickelte Hypothese nicht bestätigen, somit tragen Transaktionskosten nicht dazu bei den Dispositionseffekt zu erklären.

2.3 Prospect Theory und Mental Accounting

Die Prospect Theory ist in der Literatur der dominierende Erklärungsansatz für den Dispositionseffekt (u. a. Shefrin und Statman (1985); Dacey und Zielonka (2008), Odean (1998); Weber und Camerer (1998); Kaustia (2010b); Barberis und Xiong (2009) und Cao (2010)). In der Prospect Theory wird implizit die Annahme getroffen, dass Wertpapiere durch das Individuum stets einzeln bewertet werden (Dacey und Zielonka (2008), S. 44; Kaustia (2010b), S. 794). Ein Beispiel zur Illustration: Ein Individuum hält zwei Wertpapiere von zwei verschiedenen Unternehmen. Eines der Wertpapiere befindet sich im Gewinn und das andere bewegt sich im Verlustbereich, so wird das Individuum die Wertpapiere separat voneinander bewerten und nicht als Portfolio insgesamt bewerten. Eben diese getrennte Bewertung ist ein Kernelement des Mental Accounting (Thaler (1999), S. 184, 189 f.).[8] Da Mental Accounting des Weiteren direkt auf die Prospect Theory als Bewertungsmechanismus innerhalb der einzelnen mentalen Konten zurückgreift, ist die Darstellung des Mental Accounting als eigenständiger Ansatz und die Darstellung kombinierter Ansätze aus Prospect Theory und Mental Accounting redundant.[9] Um ein tieferes Verständnis für den Erklärungsansatz zu schaffen, wird zuerst die Prospect Theory in ihren Grundlagen skizziert. Im Anschluss daran wird erläutert, wie der Dispositionseffekt im Rahmen der Prospect Theory begründet werden kann.

Kahneman und Tversky (1979) legen mit der als deskriptive Entscheidungstheorie konzipierten Prospect Theory eine Alternative zur Erwartungsnutzen-

---

[8] Für Einblicke in die grundlegenden Züge des Mental Accounting siehe Thaler (1980), Thaler (1985) sowie Thaler (1999).

[9] Arbeiten, die Prospect Theory und Mental Accounting explizit zu einem Framework vereinen, sind Grinblatt und Han (2002), Grinblatt und Han (2005) und Frazzini (2006).

theorie vor.[10] Entscheidungssituationen des Individuums werden in der Prospect Theory in Form von Lotterien dargestellt und verarbeitet (Kahneman und Tversky (1979), S. 263). Der Begriff Lotterie bezeichnet in der Entscheidungstheorie eine Entscheidungssituation. Ist diese konkrete Entscheidungssituation, durch mögliche Ausgänge gekennzeichnet (Alternativen), wird sie durch einen Vektor beschrieben. Der Vektor in der Form $(a_i, p_i; \ldots; a_n, p_n)$ beschreibt jeden möglichen Ausgang a_i mit der zugehörigen Eintrittswahrscheinlichkeit p_i, $\Sigma p_i = 1$. Dieser Vektor wird als Lotterie bezeichnet (Eisenführ et al. (2010), S. 244 f.).

Die Prospect Theory geht davon aus, dass der individuelle Entscheidungsprozess in zwei Phasen verläuft (Kahneman und Tversky (1979), S. 274):

- *editing phase* und
- *evaluation phase.*

In der *editing phase* wird die Lotterie mental aufbereitet. Dabei können spezielle empirisch gestützte Strategien identifiziert werden, die ein Individuum hierzu anwendet. Zu diesen Strategien zählen (Kahneman und Tversky (1979), S. 274 f.):

- *Coding*: Gemäß der Prospect Theory werden Lotterien referenzpunktabhängig bewertet. In der Phase des *Coding* werden Veränderungen der für die Lotterie relevanten Zielgröße, z. B. Geldeinheit, eines Individuums von ihm als absolute Veränderungen in Bezug zu einem Referenzpunkt wahrgenommen. Folglich werden die Ausgänge der Lotterie in der *Coding*-Phase als mögliche absolute Vermögensveränderungen in Bezug zu einem Referenzpunkt dargestellt. Den Referenzpunkt der Lotterie kann die gegenwärtige Vermögensposition, also der Status quo, bilden. Es sind allerdings auch andere Referenzpunkte denkbar. Ein Individuum nimmt Veränderungen somit als Gewinn oder Verlust wahr. Dies ist eine Kernannahme der Prospect Theory.
- *Combination*: Gleichzeitig werden Lotterien durch das Individuum stark vereinfacht, indem ähnliche oder identische Zustände einer Lotterie zu einem Zustand zusammengefasst werden.
- *Segregation*: Sofern eine Lotterie in eine risikolose und eine risikobehaftete Komponente zerlegt werden kann, wird die Komplexität der Entscheidungssituation reduziert, indem die risikolose Komponente von der ursprünglichen Lotterie getrennt wird.

---

[10] Die hiesige Darstellung der Prospect Theory ist eine gekürzte und angepasste Version der entsprechenden Ausführungen in Haase (2015).

- *Cancellation*: Teilen zwei zur Auswahl stehende Lotterien gemeinsame Komponenten, dann blendet das Individuum diese Elemente aus, da sie für die Entscheidung, welche Alternative zu wählen ist, nicht relevant sind.
- *Simplification*: Hierbei vereinfacht das Individuum die Parameter der Lotterie, indem z. B. Wahrscheinlichkeiten oder Ausprägungen der relevanten Ergebnisgröße auf- bzw. abgerundet werden.

In der zweiten Phase, der *evaluation phase*, bewertet das Individuum die mental aufbereitete Lotterie $L(x_i)$, indem es den erwarteten rangplatzabhängigen Nutzen der positiven (Gewinne) und negativen (Verluste) Ausgänge der Lotterie aufsummiert. Hierzu werden die absoluten Vermögensveränderungen gegenüber dem Referenzpunkt $x_i (i = 1, \ldots, n)$, $x_i \in \mathbb{R}$ aufsteigend sortiert. Die Lotterie führt zu m Verlusten und zu $n - m$ Gewinnen. Der erwartete rangplatzabhängige Nutzen einer Lotterie ergibt sich gemäß der Formel (2.1) aus der Summe der aus der Wertfunktion $v(x_i)$ anteiligen abgeleiteten Nutzenwerte, die mit einem Entscheidungsgewicht $w^+(p_i)$ bzw. $w^-(p_i)$ multipliziert werden (Tversky und Kahneman (1992), S. 300 f.; Eisenführ et al. (2010), S. 425 f.).

$$L(x_i) = \sum_{i=1}^{m} v(x_i) \cdot w^-(p_i) + \sum_{i=m+1}^{n} v(x_i) \cdot w^+(p_i). \qquad (2.1)$$

Kahneman und Tversky (1979) bezeichnen $v(x_i)$ als *value function*, wodurch die etwas hölzerne deutsche Bezeichnung Wertfunktion begründet ist (u. a. Eisenführ et al. (2010), S. 424). Im Kern ist $v(x_i)$ eine Funktion, die den subjektiven Nutzen einer Lotterie für das Individuum abbildet.

In Abb. 2.1 ist die Wertfunktion $v(x_i)$ dargestellt. In dem Verlauf der s-förmigen Wertfunktion $v(x_i)$ spiegeln sich die gesammelten Ergebnisse der Empirie wider, die risikoaverses Verhalten für den Gewinnbereich und risikosuchendes Verhalten für den Verlustbereich dokumentieren (Kahneman und Tversky (1979), S. 274). Dementsprechend verläuft die Wertfunktion oberhalb des Referenzpunktes konkav und unterhalb des Referenzpunktes konvex (Kahneman und Tversky (1979), S. 279). Der konkave und konvexe Verlauf der Funktion bringt zudem die abnehmende Sensitivität der Bewertung zunehmender Gewinne bzw. Verluste zum Ausdruck (Tversky und Kahneman (1992), S. 311). Die Wertfunktion ist zudem unterhalb des Referenzpunktes steiler als oberhalb und belegt damit eine Verlustaversion (Kahneman und Tversky (1979), S. 279). Das bedeutet, dass der psychologische Schmerz, der durch einen Verlust bedingt ist, größer ist als die Freude, die durch einen gleich großen Gewinn erzielt wird (Eisenführ et al. (2010), S. 411).

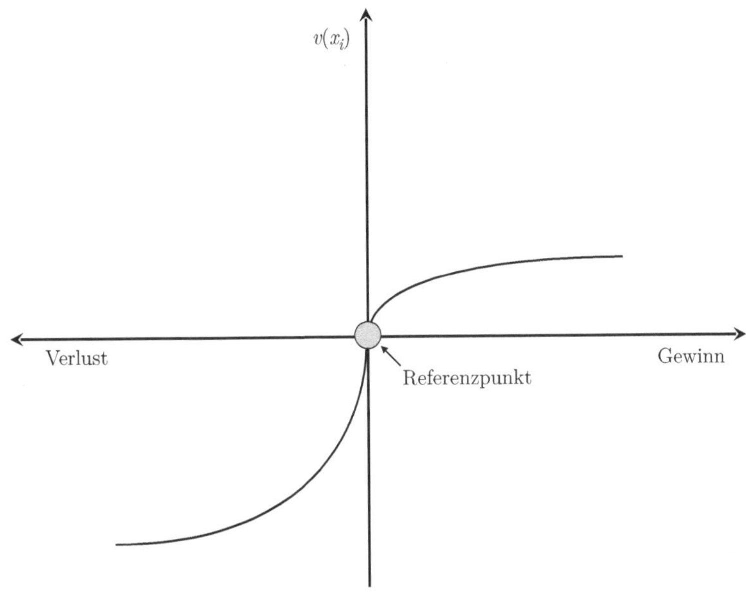

Abb. 2.1 Wertfunktion $v(x)$ der Prospect Theory

Wie in Formel (2.1) dargestellt, werden in der Prospect Theory keine Wahrscheinlichkeiten p_i, sondern Entscheidungsgewichte $w^-(p_i)$ bzw. $w^+(p_i)$ verwendet. Die Gewichtungsfunktionen $w^-(\cdot)$ und $w^+(\cdot)$ transformieren die Wahrscheinlichkeiten in Entscheidungsgewichte.[11] Sie stellen nicht nur die subjektiv wahrgenommene Wahrscheinlichkeit bestimmter Zustände dar, sondern sind auch ein Maß dafür, welchen Einfluss ein Ereignis darauf hat, wie attraktiv oder wünschenswert ein möglicher Zustand subjektiv erscheint (Kahneman und Tversky (1979), S. 280). Hierbei überschätzen die Gewichtungsfunktionen kleine Wahrscheinlichkeiten und unterschätzt große Wahrscheinlichkeiten, wobei gleichzeitig Ereignisse mit extrem kleinen Eintrittswahrscheinlichkeiten mit einer Wahrscheinlichkeit von $p = 0$ versehen werden und Ereignisse mit extrem hohen Eintrittswahrscheinlichkeiten als sicher gelten ($p = 1$) (Altman (2010) S. 201).

Nachdem ein fundiertes Verständnis der Prospect Theory geschaffen wurde, werden aufbauend darauf die Argumentationslinien dargelegt, wie der Disposi-

---

[11] Für eine detaillierte formale Darstellung der Gewichtungsfunktionen $w^-(\cdot)$ und $w^+(\cdot)$ siehe Tversky und Kahneman (1992).

tionseffekt innerhalb der Prospect Theory erklärt werden kann. Der dreiteiligen Binnenstruktur folgend wird der Erklärungsansatz kritisch mit der Empirie gespiegelt und eine Beurteilung gefällt.

In der Literatur herrscht eine primär intuitive Argumentation vor, um den Dispositionseffekt im Rahmen der Prospect Theory zu erklären (Barberis und Xiong (2009), S. 752; Lehenkari (2012), S. 196). Erst seit der jüngeren Vergangenheit wird versucht, den Dispositionseffekt auch formal mit Hilfe der Prospect Theory zu begründen. Die nachfolgende Argumentation für den Dispositionseffekt im Rahmen der Prospect Theory orientiert sich an den formalen Ausführungen von Dacey und Zielonka (2008).

Es wird angenommen, dass ein Individuum ein Wertpapier erwirbt. Der Kaufpreis des Wertpapiers stellt den Referenzpunkt dar. Der Wert des Wertpapiers steigt (sinkt) und das Individuum wird ein Gewinn (Verlust) von x_0 $(-x_0)$ erfahren. Die Entwicklung des Wertpapiers in der nächsten Periode ist unsicher und kann als Lotterie dargestellt werden. Das Wertpapier kann entweder um den Wert h steigen oder um den Wert $-h$ fallen, wobei $h < x_0$. Die Wahrscheinlichkeit, dass h eintritt ist p. Dementsprechend tritt $-h$ mit der Wahrscheinlichkeit von $1 - p$ ein (Dacey und Zielonka (2008), S. 46–49). Folglich hat das Individuum zwei Entscheidungsalternativen. Entweder geht es die Lotterie ein, was gleichbedeutend mit dem Halten des Wertpapiers ist, oder es geht die Lotterie nicht ein, was den Verkauf des Wertpapiers zur Folge hätte. Ob die jeweilige Lotterie eingegangen wird, hängt davon ab, ob sie einen positiven Nutzen gemäß der Prospect Theory erwarten lässt.

Exemplarisch, wird die Entscheidungssituation für ein sich im Gewinn befindliches Wertpapier betrachtet. Aus der Wertfunktion $v(x)$ ergibt sich für x_0 ein Wert bzw. ein Nutzen von $v(x_0)$. Verkauft das Individuum das Wertpapier (Lotterie wird nicht eingegangen), so realisiert es den Gewinn x_0 und erfährt einen Nutzen in Höhe von $v(x_0)$. Entscheidet sich das Individuum, das Wertpapier zu halten, so erfährt es im Fall einer günstigen Entwicklung einen Nutzen von $v(x_0 + h)$ und für den ungünstigen Fall einen Nutzen von $v(x_0 - h)$. Aufgrund der Konkavität der Wertfunktion im Gewinnbereich ist im Betrag der mögliche Nutzenzuwachs absolut geringer als die mögliche absolute Nutzenreduktion. Formal lässt sich dies darstellten als:

$$|v(x_0 + h) - v(x_0)| < |v(x_0) - v(x_0 - h)|. \qquad (2.2)$$

Nur wenn der erwartete Nutzen der Lotterie den sicheren Nutzen aus dem Verkauf des Wertpapiers überschreitet, wird die Lotterie eingegangen. Formal kann dies wie folgt beschrieben werden:

$$E[\text{Lotterie}] = w(p) \cdot v(x_0 + h) + w(1 - p) \cdot v(x_0 - h) > v(x_0). \qquad (2.3)$$

Wenn Formel (2.3) gilt, dann wird das Wertpapier gehalten. Für den Fall, dass der erwartete Nutzen der Lotterie kleiner ist als der Nutzen der sicheren Alternativen, wird das Wertpapier verkauft. In einem Beispiel, in dem $w(p) = w(1 - p) = 0{,}5$ gilt, ergibt sich allein auf Grund der Konkavität von $v(x)$ im Gewinnbereich, dass der Erwartungswert der Lotterie $E[\text{Lotterie}]$ kleiner ist als der Nutzen der sicheren Alternative. Somit gilt Formel (2.3) nicht. Dies führt dazu, dass die Lotterie nicht eingegangen und folglich verkauft wird. Die Argumentation für ein sich im Verlust befindliches Wertpapier ist analog und führt dazu, dass die Lotterie eingegangen wird. Entsprechend wird das Wertpapier gehalten. In Abb. 2.2 ist die geschilderte Situation dargestellt. Somit kann im Rahmen eines etwas vereinfachten formalen Ansatzes für die Prospect Theory gezeigt werden, dass Gewinne realisiert werden (Verkauf) und Verluste nicht realisiert werden (Halten). Dieses Verhalten entspricht dem Dispositionseffekt.

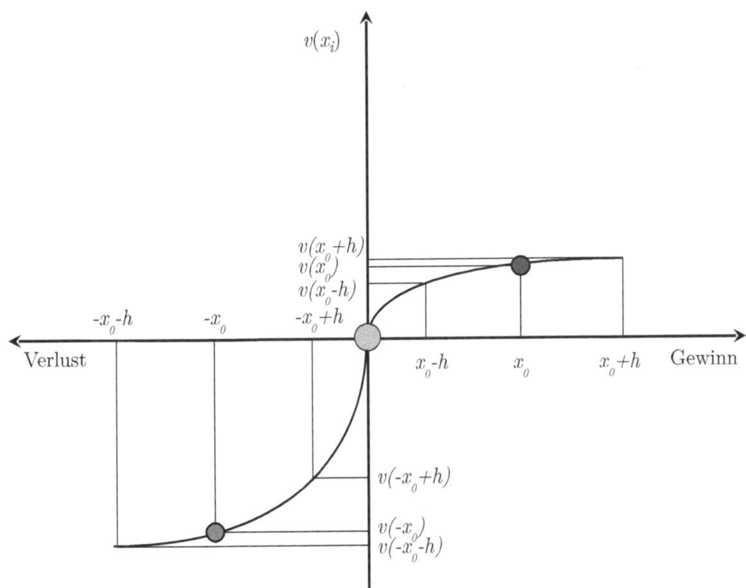

Abb. 2.2 Nutzenprofile der beschriebenen Lotterie

Verschiedene Autoren haben die Erklärungskraft der Prospect Theory für den Dispositionseffekt in Frage gestellt und überprüfen sie an Hand von Realdaten. Sie kommen zu teils widersprüchlichen Ergebnissen. So kommt Kaustia (2010b) zu dem Ergebnis, dass in individuumsbezogenen Brokerdaten aus Finnland der Dispositionseffekt nachgewiesen werden kann, dies jedoch nicht durch eine sinnvolle Parameterisierung der Prospect Theory zu erklären ist (Kaustia (2010b), S. 809 f.). Dabei bleibt unklar, was unter *sinnvoll* zu verstehen ist. Insgesamt kommt Kaustia (2010b) zu dem Schluss, dass es unwahrscheinlich ist, dass die in der Prospect Theory kodifizierten Risikoeinstellungen des Individuums ursächlich für den Dispositionseffekt sind. Zu einem vergleichbaren Ergebnis kommen Barberis und Xiong (2009). Sie zeigen, dass unter der Annahme, dass für die Berechnung des individuellen Nutzenniveaus nach der Prospect Theory die absolute jährliche Entwicklung des Wertpapiers herangezogen wird, nur für wenige Parameterkombinationen der Dispositionseffekt hergeleitet werden kann und in anderen Fällen ein umgekehrter Dispositionseffekt realisiert wird (Barberis und Xiong (2009), S. 765). Wenn sich der Nutzen ausschließlich aus den realisierten Gewinnen und Verlusten ergibt, so kann der Dispositionseffekt für ein breiteres Spektrum von Parameterkombinationen mit Hilfe der Prospect Theory erklärt werden (Barberis und Xiong (2009), S. 773–775).

Hens und Vlcek (2009) kritisieren, dass in der Argumentation meistens davon ausgegangen wird, dass die Wertpapiere bereits erworben wurden (Hens und Vlcek (2009), S. 33). Sie bezeichnen den unter dieser Annahme hergeleiteten Dispositionseffekt als Ex-post-Dispositionseffekt. Der Begriff Ex-post-Dispositionseffekt bezeichnet also den Fall, dass ein Investor den Dispositionseffekt aufweist, ohne dass in die Betrachtung die Fragestellung mit einfließt, ob sich der betrachtete Investor auf Grund der Parametrisierung der Prospect Theory, die ursächlich zum Dispositionseffekt geführt hat, auch zum Erwerb dieses Wertpapiers entschieden hätte (Hens und Vlcek (2009), S. 4). Dies greift aus Sicht von Hens und Vlcek (2009) zu kurz, worauf sie weiter den Begriff Ex-ante-Dispositionseffekt einführen. Bei der Betrachtung des Ex-ante-Dispositionseffektes wird zudem berücksichtigt, welche Parameterisierung notwendig ist, damit ein Investor erstens das Wertpapier erwirbt und zweitens auch das Realisationsverhalten von Gewinne und Verlusten an den Tag legt, welches für den Dispositionseffekt typisch ist (Hens und Vlcek (2009), S. 33). Sie kommen zu dem Ergebnis, dass die Prospect Theory den Ex-post-Dispositionseffekt durchaus erklären kann, jedoch der Ex-ante-Dispositionseffekt nur unter eingeschränkten Parametrisierungen denkbar ist (Hens und Vlcek (2009), S. 5 f.). Lehenkari (2012) testet verschiedene Erklärungsansätze empirisch und vergleicht sie hinsichtlich ihrer Erklärungskraft. Hierbei orientiert sie sich an dem rein analytischen Vergleich von Zuchel (2001). Sie stellt als Ergebnis ihrer Untersuchung ebenfalls in Frage, ob die Präferenzen der Prospect Theory alleiniger Treiber des Dispositionseffektes sind (Lehenkari (2012), S. 197, 208).

Meng (2010) stellt die Annahme, welche in der frühen Literatur gemacht wurde, dass der Referenzpunkt dem Einstandspreis des Wertpapiers entspricht, in Frage (Meng (2010), S. 4). Mit Verweis auf Kahneman und Tversky (1979) hebt er hervor, dass der Referenzpunkt auch eine erwartete Entwicklung des Wertpapiers vorwegnehmen kann. Er trifft die Annahme, dass der Referenzpunkt durch positive Erwartungen über die Wertentwicklung determiniert ist, da ansonsten die Kaufentscheidung nicht getroffen worden wäre (Meng (2010), S. 4). So geht das Individuum beim Kauf beispielsweise von einer Wertsteigerung von 10 € aus. Dies bildet seinen Referenzpunkt. Somit sind Wertsteigerungen relativ zum Einstandspreis dichter am Referenzpunkt als gleichgroße Wertminderungen relativ zum Einstandspreis. Meng (2010) argumentiert, dass dies zu einer höheren Verkaufswahrscheinlichkeit führt, wenn der Preis des Wertpapiers steigt (Meng (2010), S. 14). Unter den getroffenen Annahmen zeigt Meng (2010), dass die Prospect Theory den Dispositionseffekt uneingeschränkt erklären kann und grenzt sich damit bewusst u. a. von den Ergebnissen von Barberis und Xiong (2009) ab (Meng (2010), S. 36).

Der Dispositionseffekt kann durchaus durch die Prospect Theory erklärt werden. Strittig ist in der Literatur allerdings, ob die für die Erklärung des Dispositionseffekts notwendige Parametrisierung hinsichtlich der Risikoeinstellung realistisch ist.

2.4 Seeking-Pride-Avoiding-Regret

Shefrin und Statman (1985) betonen, dass neben der Prospect Theory auch andere Erklärungen für den Dispositionseffekt existieren können. In diesem Zusammenhang nennen sie die Möglichkeit, dass ein Investor Bedauern über die zu treffende Entscheidung aufschieben bzw. vermeiden möchte und das Gefühl von Stolz über die getroffene Entscheidung sucht bzw. danach strebt. Dieses Verhalten wird in der Literatur als *seeking pride avoiding regret* bezeichnet. Diese emotionsbasierte Argumentation lässt sich in den umfassenden Rahmen der kognitiven Dissonanztheorie einordnen. Das zentrale Verhaltensmuster, dass Individuen an negativen Verläufen festhalten, anstatt sich mit der getroffenen Entscheidung kritisch auseinanderzusetzen und gegebenenfalls sie zu revidieren, kann durch verschiedene verhaltenswissenschaftliche Modelle erklärt werden. Einer davon ist der Seeking-Pride-Avoiding-Regret-Ansatz. Im Rahmen der finanzwirtschaftlichen Forschung wird die identische Verhaltensverzerrung unter den Konzepten Entrapment, Sunk Cost Effect, Escalation of Commitment oder Self-Justification diskutiert (Kaustia (2010a), S. 184; Kaustia (2010b), S. 809; Lehenkari (2012), S. 2, Zuchel (2001), S. 11). Um zu zeigen, dass diese Konzepte in ihrer grundlegenden Argumentation zu dem Seeking-Pride-Avoiding-Regret-Ansatz komplimentär sind, folgt ein kurzen Umriss der genannten Konzepte.

Die kognitive Dissonanztheorie von Festinger (1957) besagt, dass ein Auseinanderklaffen zwischen dem eigenen Handeln und der eigenen Einstellung eine innere Zerrissenheit verursacht (Summers und Duxbury (2010), S. 7). Diese innere Zerrissenheit kann zum Beispiel durch die Adaption der eigenen Einstellung geheilt werden, ist jedoch mit psychologischen Kosten verbunden (Kaustia (2010a), S. 184). Gemäß diesem Ansatz scheint es für das Individuum leichter an der eigenen Einstellung festzuhalten und die Handlung anzupassen. So hält ein Individuum an der Einstellung fest; die Entscheidung das Wertpapier zu kaufen war richtig, obwohl beispielsweise der Wertverfall Gegenteiliges signalisiert. Es passt die Handlung an und hält das Wertpapier. Handlung und Einstellung sind konsonant. Dieser Bewältigungsmechanismus kann als Selbstbestätigung oder auch **Self-Justification** bezeichnet werden (Kaustia (2010a), S. 184).

Ausgehend von der Idee der Selbstbestätigung können die Modelle **Escalation of Commitment** und **Entrapment** intuitiv erschlossen werden.[12] Ein Individuum sieht sich in einer Situation gefangen (Entrapment), wenn es nicht bereit ist zuzugeben, dass seine anfängliche Entscheidung falsch war. Charakterisieren lässt sich eine solche Situation als eine wiederholte Entscheidung unter Unsicherheit mit dem Wissen, dass vorangegangene Entscheidungen einen negativen Verlauf genommen haben und die Entscheidungsalternativen, entweder abzubrechen (Wertpapier verkaufen) oder fortzusetzen (Wertpapier halten), fehlen (Zuchel (2001), S. 11 f.). Im Rahmen des Escalation of Commitment wird annähernd identisch argumentiert. Das Widerstreben des Individuums, die eigenen Entscheidung als falsch zu akzeptieren, führt zu einer verstärkten Bindung zu der eigenen Entscheidung (Lehenkari (2012), S. 4). Das Commitment zu der getroffenen Entscheidung nimmt irrationale Formen an. Es eskaliert.

Sunk costs bezeichnen Kosten, monetäre oder auch psychologische, die auf Grund von Entscheidungen oder Entwicklungen in der Vergangenheit angefallen sind und nicht wieder einzuholen sind. Dementsprechend sind aus rationaler Sicht Sunk Costs bei Entscheidungen in der Gegenwart nicht zu berücksichtigen. Der

---

[12] Grundlegende Aufsätze zu Escalation of Commitment sind Staw (1976, 1981) sowie Rubin und Brockner (1975) zum Entrapment.

Sunk Cost Effect zeigt jedoch ein anderes Bild.[13] Arkes und Blumer (1985) stellen in Experimenten fest, dass Sunk Costs von den Probanden nicht ignoriert werden (Sunk Cost Effect). Sie begründen den Sunk Cost Effect damit, dass sobald das Individuum von der getroffenen Entscheidung abweicht, es anerkennt, dass es die Aufwendungen, welches es in die Entscheidung investiert hat (Geld, Zeit, psychologische Kosten), zwecklos bzw. umsonst eingesetzt hat. Dies stellt eine nicht wünschenswerte Erkenntnis dar (Arkes und Blumer (1985), S. 132). Das Individuum geht daher davon aus, dass seine bereits getätigten Aufwendungen sinnvoll waren und lässt sie in seine gegenwärtige Entscheidung mit einfließen (Sunk Cost Effect).

Zuchel (2001) sieht die Ansätze Entrapment, Sunk Cost Effect, Escalation of Commitment und Self-justification als Gegenentwürfe zum Seeking-Pride-Avoiding-Regret-Ansatz (Zuchel (2001), S. 5–11). Dieser Einschätzung kann entgegengehalten werden, dass das Individuum eine falsche Entscheidung, die in der Vergangenheit getroffen wurde, nicht als solche akzeptiert, weil es vermeiden möchte, gegenüber sich selber und Dritten zuzugeben, dass eine alternative Entscheidung zu der, die es getroffen hat, besser gewesen wäre. Dies charakterisiert die grundlegende Argumentation von Entrapment, Sunk Cost Effect, Escalation of Commitment und von Self-justification. Allen Ansätzen liegt zu Grunde, dass in der einen oder andern Form eine Art von Bedauern durch das vom Individuum an den Tage gelegte Verhalten vermieden wird (Shefrin und Statman (1985), S. 781; Lehenkari (2012), S. 199). Die Vermeidung von Bedauern ist ebenfalls die Grundlage des Seeking-Pride-Avoiding-Regret-Ansatzes. So kann zum Schluss gekommen werden, dass Entrapment, Sunk Cost Effect, Escalation of Commitment und Self-justification (bzw. kognitive Dissonanz) sowie der Seeking-Pride-Avoiding-Regret-Ansatz komplentäre Ansätze sind.

Wie gezeigt wurde, verwenden alle der zuvor genannten Modelle eine ähnliche oder die gleiche Argumentation, lediglich in einem anderen Gewand. Daher wird sich darauf beschränkt, die Argumentation für den **Seeking-Pride-Avoiding-Regret-Ansatz** detaillierter darzulegen und formal zu untermauern. Im Seeking-Pride-Avoiding-Regret-Ansatz wird den Emotionen Bedauern und Stolz eine tragende Rolle beigemessen. Daher soll kurz erläutert werden, was im Folgenden unter den Begriffen zu verstehen ist. Bedauern ist ein emotionaler Zustand, der dadurch hervorgerufen wird, dass das Individuum, nach dem die Unsicherheit der Entscheidungssituation aufgelöst wurde (ex-post), erkennt, dass ex-ante eine alter-

---

[13] Ein grundlegender Beitrag zu *sunk cost* ist Arkes und Blumer (1985). Schon früher begründet Thaler (1980) den Sunk Cost Effect mit Hilfe der Prospect Theory. Vgl. hierzu Thaler (1980), S. 47–50.

native Entscheidung besser gewesen wäre (Shefrin und Statman (1985), S. 781). Wobei die Vorteilhaftigkeit einer Alternative ex-post im Vermögensniveau des Individuums bemessen wird (Muermann und Volkman (2007), S. 5). Stolz ist der positive Gegenspieler und drückt den emotionalen Zustand aus, der dadurch verursacht wird, dass nach Auflösung der Unsicherheit der Entscheidung, das Individuum erkennt, eine bessere Entscheidung im Vergleich zu einer Alternative getroffen zu haben (Muermann und Volkman (2007), S. 5). Grundgedanke des Ansatzes ist, dass das Individuum versucht, Bedauern zu vermeiden und danach strebt, Stolz zu erleben.

In der Literatur wird intuitiv von einer statischen Entscheidungssituation mit zwei Zeitpunkten ausgegangen (Zuchel (2001), S. 8–11; Shefrin und Statman (1985), S. 781–782; Kaustia (2010b), S. 809). Ein Individuum hält ein Wertpapier in $t = 0$ und entschließt sich, dieses Wertpapier weiter zu halten. In $t = 1$ ist das Wertpapier im Wert gefallen. Das Individuum steht wieder vor der Entscheidung, das Wertpapier zu halten oder es zu verkaufen. Entscheidet sich das Individuum zum Verkauf, dann realisiert es einen Verlust und erfährt Bedauern. Da das Individuum bestrebt ist, Bedauern zu vermeiden, wird es sich dazu entschließen, es weiter zu halten. Verluste werden nicht realisiert, sondern gehalten. Steigt alternativ zu diesem Szenario das Wertpapier in $t = 1$ im Wert, sieht sich das Individuum mit der Entscheidung konfrontiert, einen Gewinn zu realisieren (Wertpapier verkaufen) oder das Wertpapier zu halten. Der Gewinn wird vom Individuum realisiert, da dies zur erlebten Emotion Stolz führt. So kann der Dispositionseffekt erklärt werden.

Die angeführte Logik ist intuitiv. Doch wird eine dynamische Entscheidungssituation mit drei Zeitpunkten betrachtet, dann kann ein anderes Ergebnis bzw. ein anderes Verhaltensmuster gezeigt werden (Muermann und Volkman (2007), S. 4). Die Argumentation in einem dynamischen Setting geht von der Idee aus, dass ein Individuum Bedauern fühlt, wenn der Wert des Wertpapiers sinkt. Es hält an dem Wertpapier fest, in der Hoffnung, dass das Wertpapier im Wert steigt. Fällt aber in der nächsten Periode das Wertpapier, so wird es noch stärkeres Bedauern empfinden. Im dem Fall, dass der Wert des Wertpapiers gestiegen ist, entschließt sich das Individuum, Stolz zu realisieren (Wertpapier verkaufen). Steigt das Wertpapier weiter, so wird das Individuum nun Bedauern empfinden, dass es das Wertpapier verkauft hat (Muermann und Volkman (2007), S. 4). Werden diese Möglichkeiten vom Individuum antizipiert, so kann argumentiert werden, dass, unter der in der Literatur gestützten Annahme, dass Bedauern das Gefühl Stolz dominiert, nicht der Dispositionseffekt zu erwarten ist, sondern Momentum Trading (Muermann und Volkman (2007), S. 4; Summers und Duxbury (2010), S. 4).

Beim Momentum Trading orientiert sich das Individuum an den aktuellen Markttendenzen und verkauft dementsprechend fallende Wertpapiere und hält bzw. kauft steigende Wertpapiere. Es kann also in einer dynamischen Entscheidungssituation ein dem Dispositionseffekt widersprechendes Verhalten prognostiziert werden. Muermann und Volkman (2007) greifen diesen Umstand auf und zeigen formal, unter welchen Bedingungen der Dispositionseffekt in einer dynamischen Umwelt erklärt werden kann. Das nachfolgende formale Modell ist Muermann und Volkman (2007) entnommen.

In der betrachteten Modellwelt existieren zwei Wertpapiere: ein risikoloses Wertpapier (*bond*) mit einem Ertrag von null (im Sinne einer Kassenhaltung) und ein riskantes Wertapier (*stock*) mit einem stochastischen Ertrag $\tilde{x}_t$ je Periode. Die riskanten Erträge sind unabhängig und über die Perioden gleich verteilt. Der Ertrag nimmt in jeder Periode die Ausprägung x^+ (Wertpapier steigt) mit einer Wahrscheinlichkeit von p und die Ausprägung x^- (Wertpapier sinkt) mit der Wahrscheinlichkeit von $1 - p$ an. Das Individuum ist mit einem Anfangsvermögen w_0 ausgestattet und kann nur entweder zu 100 % in das risikolose Wertpapier oder komplett in das riskante Wertpapier investieren. Der Betrachtungszeitraum umfasst drei Zeitpunkte, dementsprechend zwei Perioden ($t_0 \rightarrow t_1$ und $t_1 \rightarrow t_2$). In t_0 entscheidet das Individuum, ob es sein Vermögen in den *bond* oder in den *stock* investiert. In t_1 betrachtet es seine Vermögensposition w_1 und entscheidet sich wieder zwischen *bond* oder *stock*. Zum Zeitpunkt t_2 liquidiert es seine Wertpapiere und gelangt zur Vermögensposition w_2. Muermann und Volkman (2007) folgen den Arbeiten von Bell (1982, 1985) und Loomes und Sugden (1982, 1986) zur Regret und Disappoitment Theory, und führen die Wertfunktion $v(x)$ ein, um die Gefühle Bedauern und Stolz in der Nutzenbetrachtung zu berücksichtigen.

$$v(w) = u(w) - g\left(u(w^{\mathrm{alt}}) - u(w)\right) \tag{2.4}$$

Hierbei beschreibt $u(w)$ die individuelle Nutzenfunktion. Der zweite Teil der Wertfunktion $v(x)$ bringt zum Ausdruck, wie sich das Individuum relativ zu einer entgangenen Alternative w^{alt} fühlt. Übersteigt der Nutzen aus den getroffenen Entscheidungen $u(w)$ $u(w^{\mathrm{alt}})$, dann ist das Individuum stolz. Ist das Nutzenniveau $u(w)$ kleiner als das Nutzenniveau aus der entgangenen Alternative $u(w^{\mathrm{alt}})$, dann empfindet das Individuum Bedauern. Somit misst $g(\cdot)$, wie viel Stolz oder Bedauern das Individuum erfährt. $g(\cdot)$ ist steigend und konvex. Somit wertet das Individuum den verminderten Nutzen durch Bedauern höher als den zusätzlichen Nutzen aus der Emotion Stolz (Muermann und Volkman (2007), S. 7). Muermann und Volkman (2007) postulieren weiterhin, dass eine Nutzenminderung oder eine Nutzenerhöhung aus den Emotionen Bedauern oder Stolz nur in t_2 generiert wird und sich die Emotionen Bedauern und Stolz in den dazwischen liegenden Zeitpunkten nicht beim Individuum einstellen. Es bilanziert erst nach Ablauf des Zeithorizonts, ob aus seinen Entscheidungen Bedauern oder Stolz erwächst. Wenn sich die Entscheidung in $t = 2$ als optimal herausstellt, dann vergleicht das Individuum das Ergebnis mit der schlechtesten entgangenen Alternative. Somit wird das größtmögliche Maß an Stolz erfahren. Stellt sich eine Entscheidung in $t = 2$ als nicht optimal heraus, vergleicht das Individuum das Vermögensniveau mit der besten entgangenen Alternative. Dadurch wird ebenfalls das größtmögliche Maß an Bedauern generiert. Nur wenn alle Entscheidungen sich ex-post als optimal herausstellen, empfindet das Individuum Stolz, ansonsten erfährt es Bedauern (Muermann und Volkman (2007), S. 8 f.). Demnach maximiert es Gleichung 2.4 zum Zeitpunkt t_2. Muermann und Volkman (2007) kommen zu dem Ergebnis, dass es für eine Bandbreite von Erträgen aus riskanten Wertpapieren für das Individuum optimal ist, in t_0 das riskante Wertpapier zu erwerben und nachdem es in t_1 gefallen ist, es weiter zu halten und falls es in t_1 gestiegen ist, es zu verkaufen (Muermann und Volkman (2007), S. 13). Das spiegelt das Verhalten des Dispositionseffektes wider. Neben der dynamischen Entscheidungssituation zeigen Muermann und Volkman (2007) auch für eine statische Entscheidungssituation ($t_0 \rightarrow t_1$), dass der Dispositionseffekt aus der Verhaltensmaxime der optimalen Strategie zu erklären ist (Muermann und Volkman (2007), S. 9–12).

Summers und Duxbury (2010) argumentieren ebenso wie Muermann und Volkman (2007) im Rahmen einer dynamischen Entscheidungssituation (drei Zeitpunkte). Anders als Muermann und Volkman (2007) unterscheiden Summers und Duxbury (2010), ob das Individuum sich verantwortlich für die in der Vorperiode getroffene Entscheidung fühlt und welche unterschiedlichen Emotionen daraus erwachsen. So unterscheiden sie zwischen Enttäuschung und Bedauern. Enttäuschung ist die Konsequenz eines negativen Zustands der Welt aus einer Entscheidung, für die das Individuum keine Verantwortung trägt. Bedauern ist das Ergebnis einer selbst getroffenen Entscheidung des Individuums bei negativem Ausgang. Bei einem positiven Ausgang empfindet das Individuum Freude, sofern die Entscheidung ohne und Stolz, sofern die Entscheidung bei eigener Verantwortung getroffen wurde (Summers und Duxbury (2010), S. 5).

Summers und Duxbury (2010) argumentieren nicht im Rahmen eines formalen Modells, sondern bedienen sich implizit der Mood Maintenance Hypothesis und verwenden explizit den Appraisal Tendency Framework nach Lerner und Keltner (2000). Summers und Duxbury (2010) verweisen selbst nicht auf die Mood Maintenance Hypothesis, verwenden jedoch eine der Mood Maintenance Hypothesis nahen Argumentation (Isen und Patrick (1983), S. 199–202; Summers und Duxbury (2010), S. 6–8; Drichoutis und Nayga (2011), S. 4), die hier kurz skizziert werden soll.

Die Mood Maintenance Hypothesis nach Isen und Patrick (1983) besagt, dass ein Individuum bestrebt ist, in einen positiven Gefühlszustand zu gelangen, sofern es sich in einem negativen befindet (riskante Entscheidungen werden getroffen) und es im positiven Gefühlszustand verbleiben möchte, sofern es sich im positivem Gefühlzustand befindet (riskoarme Entscheidungen werden getroffen).

Summers und Duxbury (2010) argumentieren wie folgt: In t_0 kauft das Individuum ein Wertpapier. Steigt der Wert des Wertpapiers in t_1, dann kann das Individuum es verkaufen und damit Stolz realisieren oder aber es hält das Wertpapier weiter bis zum Zeitpunkt t_2 mit der Möglichkeit, dass es fällt oder steigt. Da das Individuum gemäß der Mood Maintenance Hypothesis geneigt ist, den positiven emotionalen Zustand zu konservieren, liegt es nahe, dass das Individuum den sicheren Zustand in t_1, in dem es Stolz empfindet, beibehalten möchte. Das Wertpapier wird verkauft, um nicht mit dem unsicheren Ausgang in t_2 konfrontiert zu werden, da die Möglichkeit besteht sich emotional zu verschlechtern (Summers und Duxbury (2010), S. 8). Für den Fall, dass das Wertpapier in t_1 gesunken ist, widerstrebt es dem Individuum den Verlust durch einen Verkauf der Aktie zu realisieren und in Folge dessen Bedauern zu empfinden. Es wird versuchen, den negativen emotionalen Zustand, der bei einem Verkauf sicher wäre, zu verbessern und strebt nach einem positiven emotionalen Zustand. Dieser ist zu erreichen, falls das Wertpapier in t_2 im Wert steigt. Das Wertpapier wird nach einem Verlust gehalten (Summers und Duxbury (2010), S. 6 f.). Das Verhaltensmuster des Dispositionseffektes kann so im Rahmen der Mood Maintenance Hypothesis (naiv) erklärt werden.

Bei einer kritischen Betrachtung fällt auf, dass die zuvor geführte Argumentation nach Muermann und Volkman (2007), welche zum Ergebnis kommt, dass auch Momentum Trading denkbar ist, nicht vollständig durch die Argumentationskette im Rahmen der Mood Maintenance Hypothesis widerlegt werden kann. So ist folgendes denkbar: Das Individuum befindet sich in t_1 und hält ein verlustreiches Wertpapier. Wenn es das Wertpapier verkauft und das Wertpapier in t_2 abermals niedriger notiert, dann wird das Individuum Stolz aus der getroffenen Entscheidung empfinden. So wäre nach der Mood Maintenance Hypothesis auch der Verkauf des Wertpapiers eine mögliche Handlung, um wieder in einen positiven emotionalen Zustand zu gelangen. Geheilt werden könnte die Argumentation durch die plausible Annahme, dass nur die Entwicklung von Wertpapieren verfolgt wird, die auch gehalten werden. Nach dem Motto: Aus dem Depot, aus dem Sinn. Wird die Entwicklung des verkauften Wertpapiers nicht weiter verfolgt, dann steht das Individuum vor der Entscheidung, Bedauern (Verlust) zu realisieren oder das

Wertpapier zu halten und zu versuchen, in einen positiven emotionalen Zustand zu gelangen. Das Individuum entschließt sich im Rahmen der Mood Maintenance Hypothesis für die zweite Variante. Die Argumentation für ein im Gewinn befindliches Wertpapier bleibt durch die zusätzliche Annahme unangetastet, da der positive sichere Zustand vor jeder möglichen unsicheren (ungewissen) Zukunft bevorzugt wird. Dementsprechend wird das Wertpapier immer verkauft. Nach Anpassung durch die zusätzliche Annahme kann der Dispositionseffekt im Rahmen der Mood Maintenance Hypothesis erklärt werden.

In der Arbeit von Summers und Duxbury (2010) findet sich ein weiterer Mangel. Sie nehmen Bezug auf den Appraisal Tendency Framework und wenden ihn nicht konsequent an. Im Rahmen des Appraisal Tendency Framework kann argumentiert werden, dass spezifische Emotionen spezifische Handlungstendenzen verursachen (Lerner und Keltner (2000), S. 477). Bedauern wird so beispielsweise mit der Handlungstendenz, etwas korrigieren zu müssen in Verbindung gebracht (Summers und Duxbury (2010), S. 7). Bedingt durch diese Handlungstendenz wird das Wertpapier nach Wertverlust weiter gehalten und der Verlust wird nicht realisiert. Stolz wird mit der Handlungstendenz in Verbindung gebracht, dass man den Erfolg (Wertpapier steigt) auf seine eigenen Anstrengungen zurück führt (interne Attribution) (Lerner und Keltner (2000), S. 479). In welcher Art und Weise, Stolz im Detail im Rahmen des Appraisal Tendency Framework zum Verkauf des gestiegenden Wertpapiers führt, lassen Summers und Duxbury (2010) allerdings unbeantwortet.

2.5 Mangelnde Selbstkontrolle

Shefrin und Statman (1985) nennen mangelnde Selbstkontrolle als eine weitere Erklärung für den Dispositionseffekt. Sie wenden die Modellrahmen von Thaler und Shefrin (1981) auf die Problemstellung des Dispositionseffektes an (Shefrin und Statman (1985), S. 782). Thaler und Shefrin (1981) greifen frühere Ausführungen von Thaler (1980) auf und entwickeln eine ökonomische Theorie der Selbstkontrolle. Sie modellieren das Problem der Selbstkontrolle, indem sie einem Individuum zwei unterschiedliche Präferenzen zuschreiben, die sich in einem Zeitpunkt diametral entgegenstehen (Thaler und Shefrin (1981), S. 394). Das Selbstkontrollproblem wird als ein interpersonaler Konflikt dargestellt. Ferner formulieren Thaler und Shefrin (1981) eine Analogie zwischen dem Individuum und einer Organisation. Somit wird der interpersonale Konflikt des Individuums als Konflikt innerhalb einer Organisation dargestellt. In dieser Organisation sind zwei Akteure aktiv, der *Planer* und der *Macher* (Thaler und Shefrin (1981), S. 394). So ist das Problem der Selbstkontrolle, ein Konflikt zwischen den konstruierten mentalen Akteuren *Planer* und *Macher* (Thaler (1980), S. 55).

Das von Thaler und Shefrin (1981) entwickelte Modell ist auf Spar- und Konsumfragestellungen zugeschnitten, so zum Beispiel auf Altersvorsorgeprobleme. Für die Anwendung auf den Dispositionseffekt haben es Shefrin und Statman (1985) stark abstrahiert. Sie argumentieren nicht formal, sondern mit Hilfe des grundsätzlichen Konfliktes zwischen *Macher* und *Planer*. Der *Macher* ist egoistisch, kurzsichtig sowie emotional getrieben, wohingegen der *Planer* rational ist. Der *Macher* verfügt über die Möglichkeit, Wertpapiere zu kaufen oder zu verkaufen. Der *Planer* kann dies nur indirekt über Willensstärke oder Selbstbindungsmaßnahmen beeinflussen. Shefrin und Statman (1985) treffen die Annahme, dass der Nutzen des *Machers* sich aus unterschiedlichen mentalen Konten ergeben, die die Entwicklung der Wertpapiere abbilden. Dem *Macher* widerstrebt es gemäß des Mental Accounting Konten mit einem Verlust zu schließen. Außerdem wird dadurch das Bedauern vermieden, welches entsteht, wenn Verluste realisiert werden. So werden verlustreiche Wertpapiere nicht verkauft, sondern weiter gehalten. Wertpapiere, die in ihrem Wert gestiegen sind, werden umgehend verkauft, um Stolz zu realisieren. Der *Planer* ist nicht in der Lage, ausreichend Einfluss auf den *Macher* auszuüben, um die mentalen Konten auch mit einen Verlust zu schließen und somit Verluste zu beschränken (Shefrin und Statman (1985), S. 782). Der Dispositionseffekt wird folglich damit begründet, dass der rationale *Planer* nicht stark genug ist, den myopischen Verlangen des *Machers* Einhalt zu gebieten.

Die verwendete Argumentation ist mit der unter Abschn. 2.4 angeführten Logik in Kombination mit dem Mental Accounting verwandt und somit wenig originell bzw. eigenständig. So überrascht es nicht, dass in der nachfolgenden Forschung zum Dispositionseffekt dieser Erklärungsansatz keine Resonanz gefunden hat.

2.6 Zwischenfazit

Die in Abschn. 2.2 diskutierten rationalen Ansätze können nicht oder nicht als einzige Erklärung für den Dispositionseffekt herangezogen werden. In Anbetracht der Vielzahl, der in diesem Kapitel diskutierten Erklärungsmodelle, die alle auch Schwächen in der Erklärungskraft aufweisen, kommt der von Shefrin und Statman (1985) beschriebene multikausale Ansatz der Realität wahrscheinlich am nächsten (Lehenkari (2012), S. 197). Shefrin und Statman (1985) postulieren einen theoretischen Framework, in dem die Elemente der Prospect Theory, des Mental Accounting, des Seeking-Pride-Avoiding Regret-Ansatzes und der mangelnden Selbstkontrolle jeweils *einen* Beitrag zur Erklärung des Phänomens Dispositionseffekt leisten.

Für Forschungsfragen, die zur Begründung und Herleitung von Hypothesen ein theoretisches Erklärungsmodell für den Dispositionseffekt benötigen, können aus Gründen einer stringenten Argumentation nicht mehrere Ansätze verwendet werden. Vielmehr muss eine begründete Entscheidung für einen Ansatz getroffen werden. Trotz der vorgebrachten Bedenken ist die Prospect Theory ein geeignetes Modell, um formal und inhaltlich stringent Wirkungsweisen und Hypothesen im Rahmen des Dispositionseffektes zu erläutern, zu begründen und herzuleiten.

Empirische Evidenz 3

Der grundlegende Beitrag von Shefrin und Statman (1985) setzte eine Dynamik in Gang auf die zahlreiche Studien zum Dispositionseffekt folgten. Auch zum aktuellen Zeitpunkt sind die Forschungsbemühungen ununterbrochen. So kann bei der Darstellung der Empirie aus einem großen Fundus geschöpft werden. Wobei der folgende Überblick natürlich nur die zentralen Ergebnisse der Forschung zum und über den Dispositionseffekt darstellen kann. Die Darstellung der Gesamtheit aller Studie wird daher nicht angestrebt. Die Darstellung der Studien orientiert sich zunächst an der Charakterisierung der Investorengruppe, für die die Existenz und die Determinanten des Dispositionseffektes untersucht wurde. Es werden private Investoren und professionelle Investoren unterschieden. Die für diese Investorengruppen dargestellten Studienergebnisse basieren auf realen Handelsdaten, die entweder die Transaktionen eines Investors auf individueller Ebene oder die Marktdaten aggregiert abbilden. Die trennscharfe Zuordnung der Ergebnisse zu privaten oder professionellen Investoren ist in Grenzfällen nicht immer aufrechtzuerhalten. Zudem werden Studienergebnisse von Experimentalstudien, die den Dispositionseffekt untersuchen skizziert. Hier erübrigt sich auf Grund der begrenzten Anzahl der relevanten Studien eine weitere Unterteilung.

3.1 Private Investoren

Als private Investoren gelten diejenigen Investoren, die nicht berufsmäßig mit Wertpapieren handeln. Empirische Ergebnisse zu privaten Investoren, deren Depots durch professionelle Investoren verwaltet werden, werden in dem Abschnitt zu professionelle Investoren diskutiert. Gleiches gilt für private Investoren, bei denen das Schrifttum auf Grund von spezifischen Eigenschaften von *sophisticated* Investoren spricht. Studien sprechen von Investoren als *sophisticated*, sofern sie über Charakteristika verfügen, die eine hohe Vertrautheit und Kompetenz im

© Springer Fachmedien Wiesbaden 2016
S. Haase, *Der Dispositionseffekt als relevantes Anlegerverhalten*, essentials,
DOI 10.1007/978-3-658-12424-3_3

Handeln von Wertpapieren erwarten lassen. So gelten beispielsweise Investoren mit einem hohen Depotvermögen zumeist als *sophisticated*. Nach dieser Negativabgrenzung umfasst der Begriff *private Investoren* dem hier zugrundegelegten Verständnis nach Investoren durchschnittlicher Begabung mit durchschnittlichen Eigenschaften hinsichtlich Anlagehöhe, -horizont und Erfahrung. In der Folge werden sie auch als gewöhnliche Investoren bezeichnet.

Der Dispositionseffekt kann in zahlreichen Studien für private Investoren nachgewiesen werden. Untersuchte Transaktionsdaten von Kunden (Individualdaten) mehrerer Direktmakler zeigen die Tendenz der Individuen, mehr Gewinne als Verluste zu realisieren (Odean (1998), S. 1790–1795; Grinblatt und Keloharju (2001), S. 600; Barber et al. (2007), S. 432; Brown et al. (2006), S. 59; Choe und Eom (2009), S. 505 f.; Chioran (2010), S. 23 f.; Meng (2010), S. 18 f.). Kaustia (2010b) dokumentiert, dass private Investoren mit einer höheren Wahrscheinlichkeit ein Wertpapier verkaufen, wenn es im Preis gestiegen ist. Jedoch nimmt diese Neigung bei großen Gewinnen relativ zur Halteperiode ab (Kaustia (2010b), S. 800). Odean (1998) zeigt weiter, dass der Dispositionseffekt nicht im Dezember nachgewiesen werden kann. Im Dezember (Ende des Steuerjahres) scheinen die steuerlichen Anreize, Verluste zu realisieren, den Dispositionseffekt auszuhebeln (Odean (1998), S. 1790 f.). Brown et al. (2006) kommen für Australien im Monat Juli zu vergleichbaren Ergebnissen, welcher der letzte Monat des australischen Steuerjahres ist. Dieser Effekt zum Ende eines Steuerjahres ist auch für Marktdaten zu beobachten (Heino (2011), S. 15).

Hur et al. (2010) weisen für US-amerikanische Marktdaten nach, dass bei Aktien, in denen ein höherer Anteil an privaten Investoren engagiert ist, also ein größerer Streubesitz vorliegt, der Dispositionseffekt stärker ausgeprägt ist. Dies sehen sie als Beweis, dass private Investoren zu einem stärker ausgeprägten Dispositionseffekt neigen (Hur et al. (2010), S. 1170 f.). Bereits früher zeigten Lakonishok und Smidt (1986) ebenfalls für US-amerikanische Marktdaten, dass gewinnbringende Wertpapiere häufiger gehandelt werden als verlustreiche Wertpapiere (Lakonishok und Smidt (1986), S. 973). Gleiche Resultate liefert Heino (2011) für finnische Marktdaten. Diese Studienergebnisse sind als Hinweise auf den Dispositionseffekt zu werten.

Die Fülle an empirischen Belegen für den Dispositionseffekt bei privaten Investoren über die Jahre hinweg unterstreicht die nach wie vor hohe Relevanz dieses Phänomens. Zudem betont der Fakt, dass der Dispositionseffekt in australischen, mitteleuropäischen, nordeuropäischen, US-amerikanischen und asiatischen Individual- sowie Marktdaten zu finden ist, die interkulturelle Stabilität des Phänomens (Lakonishok und Smidt (1986), S. 956, Grinblatt und Keloharju (2001), S. 591; Brown et al. (2006), S. 49 f.; Barber et al. (2007), S. 426; Choe und Eom

(2009), S. 500; Cao (2010), S. 33; Chioran (2010), S. 18; Hur et al. (2010), S. 1157; Kaustia (2010b), S. 798). Außerdem ist der Dispositionseffekt nicht nur auf Finanzmärkten, sondern auch auf dem Immobilienmarkt zu finden. Die Wahrscheinlichkeit, eine im Wert gestiegene Immobilie zu verkaufen ist größer als die Wahrscheinlichkeit eine Immobilie unter dem Einstandspreis des Besitzers zu verkaufen (Genesove und Mayer (2001), S. 1255 f.; Einiö et al. (2008), S. 19–34). Dies lässt den Schluss zu, dass das dem Dispositionseffekt zugrundeliegende Verhaltensmuster nicht nur auf den Handel von Wertpapieren beschränkt ist.

3.2 Professionelle und institutionelle Investoren

Der Dispositionseffekt kann nicht nur bei privaten Investoren nachgewiesen werden, sondern auch bei Investorengruppen, denen allgemein ein hohes Maß an Erfahrung und Professionalität zugeschrieben wird. So wird in der Folge gezeigt, dass das Phänomen bei erfahrenen Privatinvestoren (in der Folge *sophisticated* Investoren), professionellen (Einzel-)Investoren und institutionellen Investoren zu beobachten ist.

Ein *sophisticated* Investor ist ein privater Investor, der sich durch spezifische Eigenschaften bzw. durch vermeintliche Zuschreibungen von einem gewöhnlichen Privatinvestor in der Weise abhebt, dass er angeblich weniger anfälliger für den Dispositionseffekt ist (Brown et al. (2006), S. 47). So spricht ein großes Volumen bei Wertpapiertransaktionen, ein höherer Bildungsabschluss, ein hoher Intelligenzquotient und größere Erfahrung, gemessen an der Anzahl der Handelstransaktionen, für einen *sophisticated* Investor (Brown et al. (2006), S. 47; Goo et al. (2010), S. 111; Grinblatt et al. (2011), S. 1; Seru et al. (2010), S. 733).

Brown et al. (2006) untersuchen Individualdaten von Investoren, die in australische IPOs[1] und in Firmen der Australian Stock Exchange investiert waren, für den Zeitraum Dezember 1995 bis Dezember 2000. Sie unterstellen, dass *sophisticated* Investoren höher-volumige Erstinvestitionen und Einzeltransaktionen durchführen. Sowohl *sophisticated* Investoren als auch gewöhnliche Investoren weisen den Dispositionseffekt auf. Jedoch ist der Dispositionseffekt bei Investoren, die eine Erstinvestition in Höhe von 250.000 US-Dollar bis zu über eine Million US-Dollar getätigt haben, deutlich weniger ausgeprägt als bei Investoren, die weniger investiert haben (Brown et al. (2006), S. 60–62).

Ähnliche Ergebnisse liefern Studien, die den Einfluss von kognitiven Fähigkeiten bzw. Eigenschaften auf den Dispositionseffekt untersuchen. So liefern Goo

---

[1] IPO kürzt Initial Public Offering ab und bezeichnet Erstnotierungen an der Börse.

et al. (2010) die Erkenntnis, dass der Dispositionseffekt mit steigendem formalen Bildungsgrad abnimmt. Des Weiteren ist belegt, dass Investoren weniger stark dem Dispositionseffekt ausgesetzt sind, je höher ihr Intelligenzquotient ist (Grinblatt et al. (2011), S. 1, 11 f.). Erfahrene Investoren sind zudem geringer durch den Dispositionseffekt geprägt als unerfahrene (Feng und Seasholes (2005), S. 321, 327 f.; Seru et al. (2010), S. 733). Das Konstrukt Erfahrung messen Seru et al. (2010) und Feng und Seasholes (2005) durch die Anzahl der getätigten Handelstransaktionen. Seru et al. (2010) schlussfolgern, dass Individuen durch das Handeln an Erfahrung gewinnen und sich ein Lerneffekt bis zu einem Sättigungsniveau einstellt, der den Dispositionseffekt mindert (Seru et al. (2010), S. 729, 733). Die Empirie zeigt, dass *sophisticated* Investoren ebenfalls anfällig für den Dispositionseffekt sind, jedoch ist das Phänomen weniger stark ausgeprägt als bei gewöhnlichen privaten Investoren.

Der Begriff professioneller Investor ist in Abgrenzung vom privaten Investor zu verstehen. Als professionelle Investoren gelten in der Folge alle Investoren, die berufsmäßig mit Wertpapieren handeln. Hierunter fallen Einzelinvestoren, die auf eigene Rechnung handeln, Händler einer Wertpapierhandelsfirma, die auf Rechnung der Firma agieren sowie private Einzelinvestoren, die professionell beraten und deren Depots professionell betreut bzw. verwaltet werden (Shapira und Venezia (2001), S. 1576; Garvey und Murphy (2004), S. 36 f.; Coval und Shumway (2005), S. 9; Locke und Mann (2005), S. 403). Zu den professionellen Investoren sind auch institutionelle Investoren zu zählen, wie beispielsweise Investmentfonds. Letztere werden separat betrachtet. Im weiteren Verlauf liegt der Fokus zunächst auf professionellen Einzelinvestoren.

Shapira und Venezia (2001) untersuchen Handelsdaten von Einzelinvestoren der größten israelischen Bank für das Jahr 1994. Sie teilen ihren Datensatz in Daten von Investoren, die eine professionelle Beratung für ihr Depot in Anspruch nehmen (z. T. werden die Depots vollständig durch professionelle Händler verwaltet) und Daten von Investoren, die unabhängig handeln. Der Dispositionseffekt äußert sich nach Shapira und Venezia (2001) in einer längeren Haltedauer von verlustreichen Wertpapieren gegenüber gewinnbringenden. Somit stellt eine Differenz jener Zeiten einen Beweis für den Dispositionseffekt dar. Sie zeigen, dass professionell beratene Investoren ebenfalls zum Dispositionseffekt neigen, dieser jedoch weniger stark ausgeprägt ist als bei allein agierenden Investoren (Shapira und Venezia (2001), S. 1584). Noch deutlicher zeigen Garvey und Murphy (2004) mit Hilfe eines Datensatzes von 15 Händlern einer US-amerikanischen Wertpapierhandelsfirma, dass auch hocherfahrene und im größten Maße professionelle Investoren dazu neigen, die Realisation von Verlusten aufzuschieben. In beiden vorgestellten

Studien wird gezeigt, dass professionelle Händlern, die nicht auf eigene Rechnung handeln, auch zum Dispositionseffekt neigen.

Locke und Mann (2005) und Coval und Shumway (2005) betrachten Future-Händler der Chicago Mercantile Exchange. Sie konzentrieren sich hierbei auf Transaktionen, die die betrachteten Future-Händler auf eigene Rechnung tätigen. Beide Studien kommen zu dem Ergebnis, dass Verlierer durch die Händler länger gehalten werden als Gewinner (Locke und Mann (2005), S. 427; Coval und Shumway (2005), S. 22). Coval und Shumway (2005) sehen darin den Beweis, dass auch professionelle Investoren zögern, Verluste zu realisieren und dem Dispositionseffekt unterliegen. Locke und Mann (2005) hingegen differenzieren ihr Ergebnis. Zwar können sie einen Unterschied in der durchschnittlichen Halteperiode von Verlusten und Gewinnen zeigen, welcher konsistent mit dem Dispositionseffekt ist. Jedoch ist dieser zeitliche Unterschied nicht mit einem Unterschied zwischen den realisierten möglichen Gewinnen und realisierten möglichen Verlusten verbunden (Locke und Mann (2005), S. 433). Insofern lässt sich kein ökonomischer Nachteil aus diesem Handelsmuster empirisch belegen. Auch wenn in dieser Studie kein ökonomischer Nachteil nachgewiesen werden kann, kann bezogen auf das Handelsmuster, welches aus dem Verhaltensmuster der Akteure letztlich abgeleitet wird, der Schluss für professionelle Investoren gezogen werden, dass sie auch dem Dispositionseffekt unterliegen.

Abschließend wird betrachtet, ob der Dispositionseffekt bei institutionellen Investoren, existiert. Die Empirie ist hierbei uneindeutig. So zeigen Grinblatt und Keloharju (2001) in einem finnischen Datensatz, dass institutionelle Investoren, wie beispielsweise Versicherungen, vom Dispositionseffekt betroffen sind. Allerdings ist der Dispositionseffekt bei weniger *sophisticated* Investoren, wie beispielsweise privaten Investoren und Non-Profit-Organisationen, deutlich stärker ausgeprägt (Grinblatt und Keloharju (2001), S. 601, 614). Dies wird auch durch die Ergebnisse von Chiyachantana und Yang (2010) unterstützt. Sie belegen ebenfalls, dass institutionellen Investoren von einem schwachen Dispositionseffekt betroffen sind (Chiyachantana und Yang (2010), S. 17). Choe und Eom (2009) beziffern ihn als etwas halb so groß wie bei privaten Investoren. Im Gegensatz dazu können Ben-David und Doukas (2006) diese Erkenntnis für US-amerikanische institutionelle Investoren nur partiell bestätigen. Wenn alle institutionellen Investoren betrachtet werden, finden sie keinen Dispositionseffekt (Ben-David und Doukas (2006), S. 12). Werden jedoch nur diejenigen betrachtet, die im größeren Maße unsicheren und damit schwieriger zu bewertenden Informationen über ihre gehaltenen Investments ausgesetzt sind, dann lässt sich für diese Untergruppe die Tendenz belegen, dass mehr gewinnbringende Wertpapiere als verlustreiche Wertpapiere verkauft werden (Ben-David und Doukas (2006), S. 27).

Werden als eine Untergruppe der institutionellen Anleger Investmentfonds betrachtet, gelangt man bei Sichtung der verfügbaren Studien zu einem ähnlich heterogenen Bild. Auf der einen Seite zeigen Studien, dass für einen (großen) Teil der betrachteten Investmentfonds das für den Dispositionseffekt typische Verhalten nicht nachgewiesen werden kann. Vielmehr ist ein entgegengesetztes Verkaufsverhalten zu beobachten. Investmentfonds realisieren entsprechend durchschnittlich relativ mehr Verluste als Gewinne (Annaert et al. (2008), S. 18, 34; Cici (2010), S. 13 f.; Singal und Xu (2011), S. 2707 f., 2717). Dies ist darauf zurückzuführen, dass durch diese Praxis der Gegenwartswert der Steuerersparnisse durch Verlustfortschreibung maximiert wird (Cici (2010), S. 14). Diese Praxis beschreibt die optimale Steuerstrategie nach Constantinides (1984) (vgl. Kap. 2.1).

Auf der anderen Seite zeigen Wermers (2003) und Frazzini (2006), dass sich auch Investmentfonds dem Dispositionseffekt nicht gänzlich entziehen können. Eine indirekte Beweisführung liefern Jin und Scherbina (2011). Sie zeigen, dass neue Fondsmanager die Verlustpositionen ihrer Vorgänger verkaufen und schlussfolgern daraus ein Zögern des Vorgängers, Verluste zu realisieren (Dispositionseffekt) (Jin und Scherbina (2011), S. 817). Zudem belegen, Singal und Xu (2011) und Cici (2010), dass zumindest in Teildatensätzen, die immerhin 30 bis 55 % ihrer gesamten Datenmenge ausmachen, ebenfalls der Dispositionseffekt nachgewiesen werden kann (Cici (2010), S. 35; Singal und Xu (2011), S. 2717). Investmentfonds bei denen der Dispositionseffekt evident ist, weisen zudem eine schlechtere Wertentwicklung auf als Fonds, bei denen kein Dispositionseffekt nachgewiesen werden kann (Wermers (2003), S. 19; Singal und Xu (2011), S. 2717). So ist der Dispositionseffekt auch für Investmentfonds ökonomisch nachteilig. Die schlechtesten Investmentfonds haben einen mit privaten Investoren vergleichbaren Dispositionseffekt (Frazzini (2006), S. 2027 f.).

Insgesamt ist der Dispositionseffekt auch für Investorengruppen, welche sich durch ein Gros an Erfahrung und durch Professionalität von privaten Investoren abgrenzen, sichtbar. In den meisten Fällen fällt er weniger stark aus als bei gewöhnlichen Investoren. Für hochgradig spezialisierte institutionelle Investoren, wie Investmentfonds, ist die Evidenz über die Existenz des Dispositionseffektes sehr heterogen.

3.3 Experimentaldaten

Nach den ersten Studien, die den Dispositionseffekt in realen Marktdaten und realen Individualdaten nachgewiesen und deren Determinanten untersuchten, folgten mit Blick in die Studienhistorie Experimentalstudien zum Dispositionseffekt. Der

Vorteil experimenteller Settings ist, dass alle Parameter, die auf das Transaktionsverhalten der Probanden wirken, erhoben werden können. Damit können zum einen die Existenz des Dispositionseffektes kontrolliert getestet und zum anderen die Erklärungsmodelle aus Kap. 2 effektiver überprüft sowie Determinanten des Dispositionseffekt klarer herausgearbeitet werden. Der grundlegende Aufbau des experimentellen Setting der Studien wird zur besseren Einordnung der Ergebnisse mit skizziert.

Weber und Camerer (1998) untersuchten erstmalig den Dispositionseffekt unter kontrollierten Umwelteinflüssen im Labor. Sie entwickeln eine Investitionssimulation, in der Wertpapiere von Probanden gekauft, verkauft oder gehalten werden. Die Simulation erstreckt sich über 14 Perioden. Am Anfang erhalten die Probanden[2] eine fiktive Anfangsausstattung in Höhe von 10.000 DM. Mit diesem Vermögen kann der Proband die Wertpapiere A bis F erwerben. Die Probanden wurden darauf hingewiesen, dass sich die Preise der Wertpapiere nicht aus dem Verhalten der Marktteilnehmer ergeben, sondern einer probabilistischen Logik folgen, wobei die erwartete Preisänderung eines zufällig ausgewählten Wertpapiers null entspricht (Weber und Camerer (1998), S. 173). Dies wurde den Probanden im Vorfeld des Experiments detailliert erläutert. Damit wird sichergestellt, dass alle Probanden die gleiche Erwartung über die Preisentwicklung der Wertpapiere haben (Weber und Camerer (1998), S. 168). Die Preise wurden vor der Durchführung des Experiments nach der probabilistischen Logik simuliert und bilden die preisliche Entwicklung der einzelnen Wertpapiere. Die Entwicklungspfade und Preise der Wertpapiere waren somit für alle Probanden identisch, was ein Pooling der Transaktionsdaten von verschiedenen Probanden ermöglicht (Weber und Camerer (1998), S. 173). Zudem wurde den Probanden vor der ersten Periode der Simulation die Kurshistorie der Wertpapiere A bis F gezeigt. Die Historie umfasst vier Perioden. Hieraus konnten die Probanden, sofern sie sich an der beschriebenen probabilistischen Logik orientierten, Erwartungen über die zukünftige Preisentwicklung der Wertpapiere bilden. Als Anreiz, damit die Probanden ihr wahres Verhalten offenlegen, erhielten die Probanden eine erfolgsabhängige Vergütung in Höhe von 0,1 bis 0,2 % ihres fiktiven Endvermögens.

Im ersten Zeitpunkt stehen die Probanden vor der Entscheidung, welche Wertpapiere erworben werden sollen. In jeder Folgeperiode entscheiden die Probanden, ob die im Portfolio befindlichen Wertpapiere verkauft oder gehalten bzw. ob andere Wertpapiere gekauft werden sollen. Als Ergebnis zeigt sich, dass die Probanden mehr Gewinne realisieren als Verluste und eher Wertpapiere verkaufen, nach dem

---

[2] Probanden waren Studenten der Ingenieure- und der Wirtschaftswissenschaften der Universitäten Kiel und Aachen mit statistischen Grundkenntnissen.

sie im Preis gestiegen sind als Wertpapiere, die im Preis gefallen sind (Weber und Camerer (1998), S. 181). Somit weisen Weber und Camerer (1998) den Dispositionseffekt unter kontrollierten Bedingungen nach.

Der oben skizzierte Versuchsaufbau erweist sich als maßgebend für weitere Untersuchungen des Dispositionseffektes im Labor. Chui (2001) modifiziert den Versuchsaufbau von Weber und Camerer (1998) leicht. So führen sie eine Strafe für diejenigen Probanden ein, die das geringste Endvermögen aufweisen (Chui (2001), S. 217 f.). Im schlechtesten Fall erhält der schlechteste Proband keinen monetären Betrag für seine Teilnahme am Experiment, sondern muss Geld an den Leiter des Experiments zahlen. Das Experiment erhält dadurch einen stärkeren Realitätsbezug, indem das Gefühl des Verlustes und die damit verbundene Aversion stärker zum Ausdruck gebracht wird. Die anreizkompatible Vergütung orientiert sich darüber hinaus an Weber und Camerer (1998). Hatten die Wertpapiere A bis F bei Weber und Camerer (1998) noch unterschiedliche Anfangspreise, normiert Chui (2001) sie auf 100 Geldeinheiten, um daraus resultierende Verzerrungen zu vermeiden. Die Probanden stammen aus Macau und waren ebenfalls Wirtschaftsstudenten mit grundlegenden Kenntnissen der Statistik. Die Studie zeigt, dass auch der Dispositionseffekt unter Kontrolle für Mean Reversion nachgewiesen werden kann (Chui (2001), S. 222).

Lee et al. (2008) führen vier Studien zum Dispositionseffekt mit koreanischen Probanden durch. Studien zwei bis vier orientieren sich am Aufbau von Weber und Camerer (1998) mit dem Unterschied, dass die Probanden vier anstatt sechs Wertpapiere handeln. Sie kommen zum Ergebnis, dass auch in einer E-Trading-Umgebung der Dispositionseffekt zu beobachten ist (Lee et al. (2008), S. 367–375). Hervorzuheben ist jedoch die Studie eins. Ebenfalls in einer E-Trading-Umgebung nehmen 10.000 Probanden an einer Feldsimulation teil. Die Probanden handelten hierbei reale Wertpapiere mit realen am Markt generierten Kursen, Volumina und Spreads. So konnte ein hohes Maß an Realitätsbezug gewährleistet werden. Es muss betont werden, dass die Probanden keinen monetären Anreiz erhielten, der sich an ihrer Gesamtleistung orientiert. Somit ist denkbar, dass die Probanden grundsätzlich weniger abgeneigt sind, Verluste und weniger stark geneigt sind, Gewinne zu realisieren als in einer Situation, in der der Wert ihres Portfolio monetäre Konsequenzen für sie hat. Lee et al. (2008) schlussfolgern, dass dementsprechend ein Experiment ohne monetären Anreiz bzw. ohne erfolgabhängige monetäre Vergütung eine konservative Aussage über den Dispositionseffekt trifft.

In den so gewonnenen Daten kann der Dispositionseffekt zeigt werden. Der Dispositionseffekt ist stabil und unabhängig davon, mit welcher der ausgewählten Annahmen zur Referenzpunktanpassung er berechnet wird. Als Annahmen der

Referenzpunktanpassung werden für die Berechnung der Gewinne und Verluste die buchhalterischen Verfahren LIFO, FIFO, einfache Mittelwertbildung oder eine Verteilungsmethode verwendet (Lee et al. (2008), S. 366). Damit zeigen Lee et al. (2008), dass die Referenzpunktanpassung für die Ausprägung des Dispositionseffektes eine untergeordnete Rolle spielt. Das kann als indirekte Hinweis gegen die Prospect Theory als Erklärungsmodell interpretiert werden.

Vlcek und Wang (2007) modellieren ihr Finanzmarktexperiment zur Überprüfung des Dispositionseffektes wie folgt: Jeder Proband erhält eine Anfangsausstattung von 10.000 Geldeinheiten und muss zwischen zwei Wertpapieren entscheiden. Er hat die Wahl zwischen einem risikolosen und einem risikobehafteten Wertpapier. Das risikolose Wertpapier (als Bargeld bezeichnet) unterliegt keinen Wertschwankungen und verspricht keine Zinsen. Das risikobehaftete Wertpapier ist als Asset A bezeichnet und folgt einem binominalen Pfad mit den gleichen Wahrscheinlichkeiten für eine Wertsteigerung um den Faktor 1,25 und eine Wertschmälerung um den Faktor 0,8 bei einem Anfangspreis von 100 Geldeinheiten (Vlcek und Wang (2007), S. 9). Der Preismechanismus wird den Probanden beschrieben und sie werden darauf hingewiesen, dass sie als Akteur am Finanzmarkt Preisnehmer seien und sich die Preisänderungen unabhängig von den vorherigen Preisänderung ergeben. Über einen Betrachtungshorizont von insgesamt zehn Perioden werden die Kauf-, Verkauf- und Halteentscheidungen computergestützt dokumentiert.

Auf Grundlage eines multinominalen Logit-Modells, um die Wahrscheinlichkeiten zu berechnen, wann ein Wertpapier verkauft, gehalten oder verkauft wird, kommen Vlcek und Wang (2007) zu folgendem Ergebnis: Wenn der Preis des risikobehafteten Wertpapiers steigt und/oder das Wertpapier in die Gewinnzone wandert, steigt die Wahrscheinlichkeit, dass das Wertpapier verkauft wird. Gleichzeitig sinkt die Wahrscheinlichkeit, das Wertpapier zu kaufen (Vlcek und Wang (2007), S. 24, 28). Dies ist konsistent mit dem Dispositionseffekt. Für den Fall, dass der Preis des riskanten Wertpapiers sinkt, steigt die Wahrscheinlichkeit, dass das Wertpapier erneut gekauft wird und die Wahrscheinlichkeit, dass das Wertpapier verkauft wird, sinkt (Vlcek und Wang (2007), S. 28). Dies ist ebenfalls mit dem Dispositionseffekt zu vereinbaren. So kann insgesamt der Dispositionseffekt attestiert werden (Vlcek und Wang (2007), S. 35).

Summers und Duxbury (2010) reduzieren den Versuchsaufbau im Vergleich zu Vlcek und Wang (2007) und Weber und Camerer (1998) weiter und fokussieren sich damit stärker auf die zentrale Entscheidung Wertpapiere zu halten oder zu verkaufen. Probanden erben in diesem Experiment ein risikobehaftetes Wertpapier, welche sie vom Zeitpunkt null bis zum Zeitpunkt eins in jedem Fall halten müssen. In diesem Zeitraum steigt oder sinkt das risikobehaftete Wertpapier. Im Zeitpunkt eins kann der Proband aktiv entscheiden, ob das Wertpapier weiter gehalten oder verkauft wird. Die Transaktionsdaten werden entsprechend dokumentiert. In der Periode zwei (vom Zeitpunkt eins zum Zeitpunkt zwei) sinkt oder steigt der Wert der Aktie erneut. Am Ende der Periode zwei erfahren die Probanden den Gesamtwert ihrer Positionen (Wertpapiere und Bargeld aus evtl. Verkauf in Zeitpunkt eins) und werden entlohnt (Summers und Duxbury (2010), S. 12 f.). Der Dispositionseffekt wird aus den Transaktionsdaten des Zeitpunktes eins ermittelt. Summers und Duxbury (2010) gelangen zu dem Ergebnis, dass in Zeitpunkt eins nicht mehr Gewinne als Verluste realisiert werden (Summers und Duxbury (2010), S. 13). Somit entspricht das Verhalten der Probanden nicht dem Dispositionseffekt.

Mit Blick auf die Gesamtheit der beschriebenen Arbeiten und Ergebnisse besteht der Dispositionseffekt auch in experimentellen Settings. Darüber hinaus ist er auch unter kontrollierten Bedingungen interkulturell stabil und konnte mit und ohne erfolgsabhängiger Vergütung nachgewiesen werden. Weiterhin kann der Dispositionseffekt auch unabhängig von der Wahl der gängigen Annahmen über die Referenzpunktanpassung im Labor dokumentiert werden.

Was Sie aus diesem Essential mitnehmen können 4

- Die Reduzierung des Dispositionseffektes auf die populäre Formel, dass Gewinner zu *früh* und Verlierer zu *spät* verkauft werden, greift zu kurz und rückt zu stark die zeitliche Dimension in den Vordergrund. Vielmehr ist der Wesenskern des Dispositionseffektes, dass das Individuum eine Neigung verspürt Gewinne gegenüber Verlusten bevorzugt zu realisieren. Dies äußert sich nicht ausschließlich in dem zeitlichen Unterschied der Realisation.
- Der Dispositionseffekt kann nicht überzeugend durch Modelle erklärt werden, die sich an einem neoklassischen Verständnis von rational orientieren.
- Gleichwohl die alternativen Erklärungsmodelle, wie bspw. die Prospect Theory und der Seeking-Pride-Avoiding-Regret-Ansatz, mehr überzeugen, weisen sie im Spiegel der empirischen Überprüfung Schwächen auf. Nichtsdestotrotz ist die Prospect Theory in der Literatur das am häufigsten verwendete Modell, um den Dispositionseffekt zu erklären.
- Je größer die Erfahrung, je höher der formale Bildungsabschluss und der Intelligenzquotient des Investors sind, desto geringer ist der Dispositionseffekt ausgeprägt. Der Dispositionseffekt ist bei professionellen Investoren geringer als bei privaten Investoren und stellt sich auf einem Sättigungsniveau ein.
- Die Tendenz Gewinne gegenüber Verlusten bevorzugt zu realisieren, ist kulturell stabil und neben Wertpapieren auch für Immobilien dokumentiert. Zudem kann der Dispositionseffekt auch unter kontrollierten Bedingung im Experiment nachgewiesen werden.

© Springer Fachmedien Wiesbaden 2016
S. Haase, *Der Dispositionseffekt als relevantes Anlegerverhalten*, essentials,
DOI 10.1007/978-3-658-12424-3_4

Literatur

Altman, M. (2010). Prospect theory and behavioral finance. In H. K. Baker & J. R. Nofsinger (Hrsg.), *Behavioral Finance – Investors, Corporations, and Markets* (S. 191–209). Hoboken, NJ: Wiley.

Andreassen, P. (1988). Explaining the price-volume relationship: The difference between price changes and changing prices. *Organizational Behavior and Human Decision Processes* 41(3), 371–389.

Annaert, J., Heyman, D., Vanmaele, M., & Van Osselaer, S. (2008). Disposition bias and overconfidence in institutional trades. Working Paper, SSRN. 10.2139/ssrn.1099255.

Arkes, H. R. & Blumer, C. (1985). The psychology of sunk cost. *Organizational Behavior and Human Decision Processes* 35(1), 124–140.

Barber, B. M., Lee, Y. T., Liu, Y. J., & Odean, T. (2007). Is the Aggregate Investor Reluctant to Realise Losses? Evidence from Taiwan. *European Financial Management* 13(3), 423–447.

Barberis, N. & Xiong, W. (2009). What Drives the Disposition Effect? An Analysis of a Long-Standing Preference-Based Explanation. *Journal of Finance* 64(2), 751–784.

Bell, D. (1982). Regret in decision making under uncertainty. *Operations research* 30(5), 961–981.

Bell, D. (1985). Disappointment in decision making under uncertainty. *Operations research* 33(1), 1–27.

Ben-David, I. & Doukas, J. (2006). Overconfidence, trading volume, and the disposition effect: Evidence from the trades of institutional investors. Working Paper, University of Chicago und Old Dominion University.

Brown, P., Chappel, N., Da Silva Rosa, R., & Walter, T. (2006). The Reach of the Disposition Effect: Large Sample Evidence Across Investor Classes. *International Review of Finance* 6(1-2), 43–78.

Cao, X. (2010). *Disposition Effect and Momentum Based on Prospect Theory/Mental Accounting in the Chinese Stock Markets.* Dissertation, Auckland University of Technology.

Chioran, G. (2010). *Investigating the Disposition Effect: Relationship with Affect.* Masterthesis, Universität Maastricht.

Chiyachantana, C. N. & Yang, Z. (2010). Reference point adaptation and disposition effect: Evidence from institutional trading. Working Paper, Lee Kong Chian School of Business.

Choe, H. & Eom, Y. (2009). The disposition effect and investment performance in the futures market. *Journal of Futures Markets* 29(6), 496–522.

© Springer Fachmedien Wiesbaden 2016

S. Haase, *Der Dispositionseffekt als relevantes Anlegerverhalten*, essentials,

DOI 10.1007/978-3-658-12424-3

Chui, P. (2001). An experimental study of the disposition effect: Evidence from Macau. *Journal of Behavioral Finance* 2(4), 216–222.

Cici, G. (2010). The relation of the disposition effect to mutual fund trades and performance. Working Paper ID 645841, SSRN. 10.2139/ssrn.645841.

Constantinides, G. M. (1983). Capital market equilibrium with personal tax. *Econometrica* 51(3), 611–636.

Constantinides, G. M. (1984). Optimal stock trading with personal taxes : Implications for prices and the abnormal january returns. *Journal of Financial Economics* 13(1), 65–89.

Coval, J. D. & Shumway, T. (2005). Do behavioral biases affect prices? *Journal of Finance* 60(1), 1–34.

Dacey, R. & Zielonka, P. (2008). A detailed prospect theory explanation of the disposition effect. *Journal of Behavioral Finance* 9(1), 43–50.

Dammon, R. M., Spatt, C. S., & Zhang, H. H. (2001). Optimal consumption and investment with capital gains taxes. *Review of Financial Studies* 14(3), 583–616.

Drichoutis, A. & Nayga, R. M. (2011). Eliciting risk and time preferences under induced mood states. Working Paper 25956, MPRA.

Einiö, M., Kaustia, M., & Puttonen, V. (2008). Price setting and the reluctance to realize losses in apartment markets. *Journal of Economic Psychology* 29(1), 19–34.

Eisenführ, F., Weber, M., & Langer, T. (2010). *Rationales Entscheiden*. Berlin/Heidelberg: Springer.

Feng, L. & Seasholes, M. S. (2005). Do Investor Sophistication and Trading Experience Eliminate Behavioral Biases in Financial Markets? *Review of Finance* 9(3), 305–351.

Festinger, L. (1957). *A theory of cognitive dissonance*. Standford: Stanford University Press.

Frazzini, A. (2006). The Disposition Effect and Underreaction to News. *Journal of Finance* 61(4), 2017–2046.

Garvey, R. & Murphy, A. (2004). Are Professional Traders Too Slow to Realize Their Losses? *Financial Analysts Journal* 60(4), 35–43.

Genesove, D. & Mayer, C. (2001). Loss aversion and seller behavior: Evidence from the housing market. *Quarterly Journal of Economics* 116(4), 1233–1260.

Goo, Y. J., Chen, D. H., Chang, S. H. S., & Yeh, C. F. (2010). A Study of the Disposition Effect for Individual Investors in the Taiwan Stock Market. *Emerging Markets Finance and Trade* 46(1), 108–119.

Grinblatt, M. & Han, B. (2002). The disposition effect and momentum. Working Paper 8734, NBER. 10.3386/w8734.

Grinblatt, M. & Han, B. (2005). Prospect theory, mental accounting, and momentum. *Journal of Financial Economics* 78(2), 311–339.

Grinblatt, M. & Keloharju, M. (2001). What makes investors trade? *Journal of Finance* 56(2), 589–616.

Grinblatt, M., Keloharju, M., & Linnainmaa, J. (2011). Iq and stock market trading. Chicago Booth Research Paper Nr. 09-33, University of Chicago Booth School of Business.

Haase, S. (2015). *Affektive Zustände und Finanzentscheidungen: Eine experimentelle Studie*. Dissertation, Universität Rostock.

Harris, L. (1988). Predicting contemporary volume with historic volume at differential price levels: Evidence supporting the disposition effect: Discussion. *Journal of Finance* 43(3), 698–699.

Heino, M. (2011). Some evidence supporting the disposition effect in the finnish stock market during 2000-2007. Working Paper 15, University Vaasa, Department of Economics.

Hens, T. & Vlcek, M. (2009). Does prospect theory explain the disposition effect? Working Paper 247, NCCR Finrisk.

Hur, J., Pritamani, M., & Sharma, V. (2010). Momentum and the Disposition Effect: The Role of Individual Investors. *Financial Management* 39(3), 1155–1176.

Isen, A. M. & Patrick, R. (1983). The effect of positive feelings on risk taking: When the chips are down. *Organizational Behavior and Human Performance* 31(2), 194–202.

Jin, L. & Scherbina, A. (2011). Inheriting losers. *Review of Financial Studies* 24(3), 786–820.

Kahneman, D. & Tversky, A. (1979). Prospect theory: An analysis of decision under risk. *Econometrica* 47(2), 263–292.

Kaustia, M. (2010a). Disposition effect. In H. K. Baker & J. R. Nofsinger (Hrsg.), *Behavioral Finance – Investors, Corporations, and Markets* (S. 171–190). Hoboken, NJ: Wiley.

Kaustia, M. (2010b). Prospect theory and the disposition effect. *Journal of Financial and Quantitative Analysis* 45(3), 791–812.

Lakonishok, J. & Smidt, S. (1986). Volume for winners and losers: Taxation and other motives for stock trading. *Journal of Finance* 41(4), 951–974.

Lee, H., Park, J., Lee, J., & Wyer Jr, R. (2008). Disposition effects and underlying mechanisms in e-trading of stocks. *Journal of Marketing Research* 45(3), 362–378.

Lehenkari, M. (2012). In search of the underlying mechanism of the disposition effect. *Journal of Behavioral Decision Making* 25(2), 196–209. 10.1002/bdm.727.

Lerner, J. S. & Keltner, D. (2000). Beyond valence: Toward a model of emotion-specific influences on judgement and choice. *Cognition & Emotion* 14(4), 473–493.

Locke, P. R. & Mann, S. C. (2005). Professional trader discipline and trade disposition. *Journal of Financial Economics* 76(2), 401–444.

Loomes, G. & Sugden, R. (1982). Regret theory: An alternative theory of rational choice under uncertainty. *Economic Journal* 92(368), 805–824.

Loomes, G. & Sugden, R. (1986). Disappointment and dynamic consistency in choice under uncertainty. *Review of Economic Studies* 53(2), 271.

Meng, J. (2010). The disposition effect and expectations as reference point. Working Paper, University of California.

Muermann, A. & Volkman, J. (2007). Regret, pride, and the disposition effect. Working Paper, University of Pennsylvania.

von Neumann, J. & Morgenstern, O. (1947). *Theory of Games and Economic Behavior*. Princeton: Princeton University Press.

Odean, T. (1998). Are investors reluctant to realize their losses? *Journal of Finance* 53(5), 1775–1798.

Rubin, J. & Brockner, J. (1975). Factors affecting entrapment in waiting situations: The rosencrantz and guildenstern effect. *Journal of Personality and Social Psychology* 31(6), 1054–1063.

Schlarbaum, G. G., Lewellen, W. G., & Lease, R. C. (1978). Realized returns on common stock investments: The experience of individual investors. *Journal of Business* 51(2), 299–325.

Seru, A., Shumway, T., & Stoffman, N. (2010). Learning by trading. *Review of Financial Studies* 23(2), 705–739.

Shapira, Z. & Venezia, I. (2001). Patterns of behavior of professionally managed and independent investors. *Journal of Banking & Finance* 25(8), 1573–1587.

Shefrin, H. & Statman, M. (1985). The disposition to sell winners too early and ride losers too long: Theory and evidence. *Journal of Finance* 40(3), 777–790.

Singal, V. & Xu, Z. (2011). Selling winners, holding losers: Effect on fund flows and survival of disposition-prone mutual funds. *Journal of Banking & Finance* 35(10), 2704–2718.

Staw, B. M. (1976). Knee-deep in the big muddy: a study of escalating commitment to a chosen course of action. *Organizational Behavior and Human Performance* 16(1), 27–44.

Staw, B. M. (1981). The escalation of commitment to a course of action. *Academy of Management Review* 6(4), 577–587.

Summers, B. & Duxbury, D. (2010). Specific emotions as necessary causes of economic behavior. Working Paper, Leeds University Business School.

Thaler, R. (1980). Toward a positive theory of consumer choice. *Journal of Economic Behavior & Organization* 1(1), 39–60.

Thaler, R. (1985). Mental accounting and consumer choice. *Marketing Science* 4(3), 199–214.

Thaler, R. (1999). Mental accounting matters. *Journal of Behavioral Decision Making* 12(3), 183–206.

Thaler, R. H. & Shefrin, H. M. (1981). An economic theory of self-control. *Journal of Political Economy* 89(2), 392–406.

Tversky, A. & Kahneman, D. (1992). Advances in prospect theory: Cumulative representation of uncertainty. *Journal of Risk and Uncertainty* 5(4), 297–323.

Vlcek, M. & Wang, M. (2007). The disposition effect in the lab. Working Paper 402, NCCR-Finrisk.

Weber, M. & Camerer, C. F. (1998). The Disposition Effect in Securities Trading: An Experimental Analysis. *Journal of Economic Behavior & Organization* 33(2), 167–184.

Wermers, R. (2003). Is money really smart? new evidence on the relation between mutual fund flows, manager behavior, and performance persistence. Working Paper ID 414420, SSRN. 10.2139/ssrn.414420.

Zuchel, H. (2001). What drives the disposition effect? Working Paper 01-39, Universität Mannheim – Sonderforschungsbereich 504.